JN075251

自閉症・知的障害者支援に役立つ

氷山モデル・ABC分析

シートの書き方・活かし方

林 大輔 著

A先行事象
B行動
C結果
機能分析(要求)

中央法規

はじめに

自閉症や知的障害のある人を支援するのに必要なこととは？

知識を学び、技術を身につける。そして、それらを備えたスタッフが複数で支援していく「チーム支援」が、近年重要視されています。

チーム支援に必要なこととは？

支援の仕事は切れ目がありません。24時間365日、スタッフが次々とバトンを渡しながら利用者さんを支えていく必要があります。本書で紹介している氷山モデルやABC分析は、チーム支援のための共通言語であり、バトンであるといえます。共通のバトンを用いなければ、支援のリレーは途切れてしまいます。同じチームだからこそ、こうした共通のバトンを使って、よりよいゴールを目指す必要があります。しかし、バトンを上手につないでゴールを目指すには、事前の作戦も必要です。

どのように作戦を立てればよい？

本書ではチームでシートを共通言語として用いるミーティング、「シート活用ミーティング」での事前準備をおすすめしています。氷山モデルやABC分析のシートを用いると、短時間で内容の濃いミーティングを行うことができるからです。余裕ができた時間で、支援者個人がそれぞれスキルアップをしましょう。
このようなサイクルを続けることで、質の高い個人が、質の高いチームプレーでバトンをつなぎ、利用者さんの暮らしがよりよくなるというゴールに近づくことができるのです。

チーム支援を目指す支援者のみちしるべに、そして自閉症・知的障害者支援がより発展し、支援者も利用者さんも幸せな毎日を送ることを願って、この本を書きました。
本書の企画・制作にあたり、中央法規出版の平林敦史さん、編集工房まるの西村舞由子さん、デザインのキガミッツさん、イラストレーターの山口オサムさんなど、多くの方にご尽力いただきました。みなさまに支えられてこの本ができあがりました。深く感謝いたします。

2022年3月
著者　林 大輔

自閉症・知的障害者支援に役立つ
氷山モデル・ABC分析シートの書き方・活かし方

第1章
氷山モデル・ABC分析シートを活かした支援とは?

第2章
「シート活用ミーティング」をやってみよう!

第3章

氷山モデルで行動支援計画を導く「シート活用ミーティング」

［第1節］ できることを活かしてより素敵に暮らす

［第2節］ 支援によりできたことをさらに高める

［第2節］ 支援によりできたことをさらに高める

［第3節］ 人やものを傷つけてしまう行動に対応する

［第4節］ こだわりからくる不適応行動に対応する

第1章

氷山モデル・ABC分析シートを活かした支援とは?

1. 根拠のある支援とは?

気持ちだけでは解決できない

支援の現場で働くスタッフは、「誰かの役に立ちたい」「人を助ける仕事がしたい」など、誇りを抱いて入職した方がほとんどではないでしょうか。

人を支援する仕事は、対象が人であるがゆえに毎日変化します。そして支援する人たちのかかわり方一つで、よい変化もわるい変化も起こり得ます。日々の支援で利用者さんの暮らしが向上すれば、支援する人も毎日の仕事が楽しくて充実したものとなるでしょう。しかし、支援がうまくいかない日が続くと、心が折れてしまうこともあります。初めは志高く夢をもっていた人でも、こうした日々の困難に耐えきれず、退職してしまう人もいます。

利用者さんの困難にともに立ち向かおうと、自分の理想や考え方を示し熱い想いをぶつける人もいるでしょう。でも、そうした一方的なかかわり方は、利用者さんの困難をより深め、むしろパニック[※1]のきっかけになるなど、逆効果になることもしばしばです。

わたし自身も、経験の浅い頃に、「気持ちは伝わるはず！」と信じて利用者さんとかかわっていた時もありましたが、結果は伴いませんでした。気持ちだけでは、解決できないのです。

※1 混乱し、自分で自分をコントロールできない状態。多くは嫌なことに直面する、対処できない状況になる、嫌なことを突然思い出してしまう（フラッシュバック）などがきっかけで陥ります。その状態は、自傷・他害・破壊などに至る場合も少なくありません。場面転換など、パニック収束を最優先する対応をするのが一般的です。

頭の中の「空中戦」をシートに書いてみる

それに気づいたわたしは、すがるような思いで支援に関する数々の研修会や勉強会に参加し、書籍を読みあさりました。そこで学んだ多くの支援方法の中で、自分が試して「効果がある」と実感したのが、「氷山モデル」「ABC分析」による事例分析方法だったのです。

わたしは、「支援の仕事は究極の知的作業である」と考えています。常に考え、予測し、困難な事態を予防するために頭をフル回転させる必要があります。

しかし、頭の中を情報や考えが飛び交っているだけでは、まるで空中戦で、何が大切か、何に注目すべきかがわからなくなり、望ましい結論を導くのも困難です。そこで、頭の中のものをこうしたシートに書き出してみることで、自分の考え方を視覚的・客観的に見つめ直すことができ、さらに他の人へも説明が容易になりました。

「根拠のある支援」を導くためのツール

支援者は、初心を忘れることなく熱い想いをもち続けながら、その想いを「根拠のある支援※2」に置き換えていく必要があります。

困難な事例に出合った時は、氷山モデルやABC分析のシートを実践の中で利用してみましょう。そうすることで、エビデンス・ベースド※3な支援を考えることができます。自分の熱い想いをぶつけるだけだったものが、シートの書き方や考え方を正しく理解・運用することで、支援の方向性を理論的に導き出せるようになり、困難を解決ししっかりと役立つ「根拠のある支援」へと昇華させ、実践できるようになります。そのためにも、ぜひこれらのシートの活用法を身につけていただきたいと思っています。

※2 医療、心理、福祉分野で多く使われている概念。対人援助職に共通する概念として理解しておくべき考え方です。

※3 根拠のある支援の一つに、エビデンス・ベースド・プラクティス（Evidence Based Practice：EBP）という考え方があります。
①実証された方法を用いること
②その方法を用いる知識・技術を習得すること
③利用者や家族がその支援方法に納得していること
がその中身とされています。

2. 利用者の特性を把握し、その文化を尊重する

まずは支援する人の特性をよく見よう

そもそも、あなたが支援する人は「どんな人」なのでしょうか？　それを言語化できていますか？　漫然と「理解したつもり」になっていませんか？

本書で紹介する2つのシートを活用する前提として、まずはあなたが支援する人の特性を理解することがとても大切です。それを「アセスメント※4」と呼びます。

アセスメント＝相手を知ること、特性を理解すること、です。「障害」といわれるものがあってもなくても、人は100人100通り。さまざまな性格や特徴をもっているのですから、万人に共通する型通りの支援方法はありません。ましてや障害がある人は、何らかの苦手さ、困難さ、生きづらさをもっていて、日常生活でうまくいかないことが

※4 計画的な支援を提供していくために必要な過程で、これで収集した情報は、他の関連領域のスタッフと共有することができます。そのため、多職種連携を効果的に進めるのにも非常に役立ちます。

起こりがちだからこそ、「障害」とされているのです。あなたがその人の「障害」による困難を緩和したいなら、第一にていねいにアセスメントしてその特性を理解することが大切なのです。

特性をつかむために「自閉症特性シート」で整理

では、どんな方法で特性を理解すればよいのでしょうか。

心理学の世界では、特性を理解するためのさまざまな「フォーマルアセスメント※5」が開発されています。一定の形式があり、検査者がある程度決まった質問事項を聞き取ったり、本人の行動を観察したりすることで、特性をデータとして測ることができます。

※5 知能検査、発達検査など、多くの心理検査がこれに該当します。検査結果は「標準化」といわれる処理がなされており、訓練を受けた検査者がマニュアルに基づいて正しく測定することで、妥当性・信頼性のあるデータを得ることができます。

一方、福祉分野でよく使われるアセスメント方法は、「インフォーマルアセスメント」と呼ばれます。これは、決まった形式がなく、各施設でさまざまな形の調査用紙が存在します。その現場に合わせて質問事項や観察内容を独自に設定し、活動の内容や日課の希望、満足度など、支援者がほしい情報をピンポイントで得ることができます。

本書では、主に重度の知的障害をあわせもつ自閉スペクトラム症の人の事例を多く掲載しています。そこで活用できるインフォーマルアセスメントとして有名なものに、「自閉症特性シート」［表1］があります。自閉スペクトラム症の特性がカテゴリ別に整理されています。こうした障害をもつ利用者を理解するなら、まずこのシートの記入から始めることをおすすめします。

3. 「自閉症特性シート」の活用法

シートには「まず書き出す」ことが大切

では、具体的にどのようにシートを使えばいいのか、そしてどうやって活用するのか、見ていきましょう［表2］。

［表1］**自閉症特性シート**

日付：		氏名：	記入者：	
障害特性		**具体例**	**エピソード**	**支援や構造化のアイデア**
社会性の障害	ア 相手の 気持ちを 想像できない	1 見えないものの理解が難しい 2 どこに注目したらよいかわからない 3 表情や声質から感情を読み取ることが苦手 4 人への一方的なかかわりがある		■人との関係性や感情を見える形で伝える（視覚的構造化） ■着目すべき点を強調する（視覚的構造化）
	イ 状況の 理解が 難しい	5 人への関心がなく道具のように接する 6 相手の話には興味を示さない 7 この先の展開が読めない 8 ものごとがなぜこのようになったのかわからない 9 手順が思いつかない 10 視線や雰囲気を読み取ることが苦手 11 曖昧なこと・抽象的なことの理解が苦手 12 始まりや終わりが理解しにくい 13 ものごとの同時進行が苦手 14 周りの刺激に影響を受けやすい		■「いつ」「どこで」「何を」の情報を視覚的に伝える（スケジュール、ワークシステム） ■場所と活動を一対一で対応させる（物理的構造化） ■周りの過剰な刺激を遮断する（物理的構造化） ■「どれだけやる」「どうなったら終わり」「終わったら何をする」を伝える（ワークシステム）
コミュニケーションの障害	ウ 理解が 難しい	15 言葉の真意がわからず字句通りの解釈をしてしまう 16 言語の理解が苦手 17 一度にたくさんのことはわからない 18 理解するのに時間がかかる		■言葉でなく絵や写真、具体物で伝える（スケジュール） ■伝える量（1日、半日など）に配慮する（スケジュール）
	エ 発信が 難しい	18 エコラリアがある 19 抑揚のない話し方をする 20 言葉で伝えることが苦手		■言葉でなく絵や写真、具体物で発信できる方法を教える（絵カード）
	オ やりとりが 難しい	21 忘れやすい 22 情報が多いと混乱する 23 相手と自分の関係性がわからない		■忘れても思い出す工夫をする（リマインダー） ■情報は1つずつ、本人のペースに合わせて提供する（スケジュール、視覚的構造化）
想像力の障害	カ ものに 対する 強い興味	24 興味・関心が狭くて強い 25 1つのことに集中するとそれ以外に意識が向かない 26 部分的な理解は強いが全体をとらえることは苦手		■興味関心を活かした活動を組む（スケジュール、ワークシステム） ■境界をはっきりする（視覚的構造化）
	キ 常同的・ 反復的な 行動	27 特定の行為を繰り返し行う 28 少しの違いに敏感・不安になる 29 過去の記憶と同じ行動をする 30 その都度臨機応変に判断できない		■常同行動を活動に活かす（ルーティーン） ■統一した支援を徹底する（手順書）
	ク 変化への 対応が困難	31 急な予定の変更に対応できない 32 次の行動へ移行できない 33 いつもと違う形が苦手 34 やり方を忘れてしまう		■予定の変更を教える（スケジュール） ■始まりと終わりを伝える（ワークシステム）
感覚の障害	ケ 感覚の 過敏・鈍麻	35 感覚が過敏、もしくは鈍感すぎる 36 独特な感覚をもっている 37 刺激のコントロールができない 38 独特な身体の使い方をする 39 多動性・衝動性がある		■サングラス、イヤーマフなど感覚刺激をコントロールできる道具の利用 ■コーピンググッズの利用 ■刺激のコントロールをする（物理的構造化）

「自閉症特性シート」を記入する時、難しく考えてしまうと手が止まってしまいます。記入の目的は、シートに美しく整理したり、空欄を全て埋めたりすることではありません。まずはとにかく記入する、それが大切です。

表は障害カテゴリ別に分かれています。複数項目にわたってみられる特性も、どちらに分類するかわかりにくい特性もあるでしょう。重要なのは、本人の特性をしっかり拾い上げてシートに書き表わすことです。欄が少し違うかなと思っても、やり直す必要はありません。

シートを記入する時は、すでにその人に支援していることも「支援や構造化のアイデア」の欄に記入しましょう。その支援のアイデアがどの特性に対して実施されているのか、なぜうまくいっているのかに気づくことができます。

シートを使って「見えなかったもの」を「見る」

「自閉症特性シート」は、現場では1人につき1枚作ります。記入するうちに慣れ、コツがつかめるでしょう。何人分も続けて記入していると「あの人はこういう特性があったけれど、この人にはない」というように、それぞれの特性の違いが明確に見えてきます。

記入された「自閉症特性シート」は、施設の正式なアセスメントシートとして残すことができます。個別支援計画[※6]のアセスメントシート、強度行動障害[※7]支援加算のための支援計画シート、ケース会議、ケースカンファレンスの資料として活用することもできるでしょう。

「自閉症特性シート」は、様式や文言に多少の幅があるインフォーマルアセスメントではありますが、自閉スペクトラム症における主な障害特性をカテゴリに分類するものとして支援の現場で広く使われているので、他の現場との共有ツールとして活用することもできます。

さらに支援者が使い方に慣れてくると、シートに書かれている特性が、頭の中で想起できるようにもなります。日々の支援の中で突発的に起こる、利用者さんの予想外の行動も、「あ、これは『状況の理解が難しい』から起きてしまったのかな」など、シートがなくても冷静にその場で分析することができるようになります。

※6　障害者総合支援法における生活介護や放課後等デイサービスなどの福祉サービス事業において作られる計画です。本人の状態をアセスメントした上で、個々のニーズや課題に応じて長期計画、短期計画などそれぞれの計画を定めて、計画に沿った支援を提供していきます。

※7　自傷・他害・破壊・激しいこだわりなどが通常考えられない頻度と形式で出現している状態像を指します。通常の支援では対応が難しいため、より専門的な知識と技術、支援の体制や設備が必要となります。強度行動障害の課題を解決するために、氷山モデルやABC分析を用いて介入することもよくあります。

[表2] 自閉症特性シート 記入例

日付：○○○○　氏名：○○○○　記入者：○○○○

障害特性		具体例	エピソード	支援や構造化のアイデア
社会性の障害	ア 相手の気持ちを想像できない	1 見えないものの理解が難しい 2 どこに注目したらよいかわからない 3 表情や声質から感情を読み取ることが苦手 4 人への一方的なかかわりがある	1 目に見えないものは想像がつかない 2 注意が散漫で色々なものに目がいってしまう 4 異性や優しい人に対してかかわりを求めることが多い	1 視覚的指示が有効 2 余計な刺激は除去する（物理的構造化を活用する） 4 異性にベタベタしすぎない範囲でかかわりを認める
	イ 状況の理解が難しい	5 人への関心がなく道具のように接する 6 相手の話には興味を示さない 7 この先の展開が読めない 8 ものごとがなぜこのようになったのかわからない 9 手順が思いつかない 10 視線や雰囲気を読み取ることが苦手 11 曖昧なこと・抽象的なことの理解が苦手 12 始まりや終わりが理解しにくい 13 ものごとの同時進行が苦手 14 周りの刺激に影響を受けやすい	7 先の展開を考えずに突発的な行動がある 9 自分で順番を考えて動くことは難しい 12 日課の開始や終了を理解しにくい 13 1つずつしか物事を進められない 14 周りがうるさいと不穏になる	7 スケジュールを提示する 9 ワークシステムを活用する 12 タイマーで終わりを知らせる 13 指示は一度に1つだけにする 14 静かな環境を用意する（物理的構造化を活用する）
コミュニケーションの障害	ウ 理解が難しい	15 言葉の真意がわからず字句通りの解釈をしてしまう 16 言語の理解が苦手 17 一度にたくさんのことはわからない 18 理解するのに時間がかかる	17 1つの簡単な指示しかわからない	17 指示は一度に1つだけにする
	エ 発信が難しい	18 エコラリアがある 19 抑揚のない話し方をする 20 言葉で伝えることが苦手	19 発声が苦手（奇声がある） 20 言葉で伝えることができない	19 言葉以外の方法を用いる 20 写真を使用する
	オ やりとりが難しい	21 忘れやすい 22 情報が多いと混乱する 23 相手と自分の関係性がわからない	21 次にやりたいことがあると目の前のことを忘れる 22 多くの情報があると、その中から1つを抜き取れない	21 指示は一度に1つだけにする 22 簡潔に最小限の情報を伝える
想像力の障害	カ ものに対する強い興味	24 興味・関心が狭くて強い 25 1つのことに集中するとそれ以外に意識が向かない 26 部分的な理解は強いが全体をとらえることは苦手	25 集中している時は周りの影響を受けにくい	25 集中している時は見守るのみ
	キ 常同的・反復的な行動	27 特定の行為を繰り返し行う 28 少しの違いに敏感・不安になる 29 過去の記憶と同じ行動をする 30 その都度臨機応変に判断できない	27 オーディオ機器で同じ曲の同じフレーズを繰り返し聴く 29 過去の記憶を頼りにルーティーンを形成する 30 わかっていても臨機応変に動けずルーティーンが優先する	27 休憩中の過ごし方としてオーディオ機器を使用する 29 適応行動であればルーティーンを優先してもらう 30 ルーティーンにない活動は事前に視覚的に伝えておく
	ク 変化への対応が困難	31 急な予定の変更に対応できない 32 次の行動へ移行できない 33 いつもと違う形が苦手 34 やり方を忘れてしまう	32 自分のやりたいことがすまないと次へいけない 34 興味・関心の薄いことは習得しづらい	32 やりたいことがすんでから指示を出す 34 興味・関心の薄いことは声かけ（プロンプト）できっかけを作る
感覚の障害	ケ 感覚の過敏・鈍麻	35 感覚が過敏、もしくは鈍感すぎる 36 独特な感覚をもっている 37 刺激のコントロールができない 38 独特な身体の使い方をする 39 多動性・衝動性がある	35 他人の奇声が嫌い 36 匂いを嗅ぐのが好き(人の頭、アルコール、ミントなど) 37 嫌な刺激を自分で消化することができない 38 跳んだり回ったりすることが好き 39 突発的に怒ったりろう下に飛び出したりすることがある	35 奇声が耳に入らないようにする（物理的構造化を活用する） 37 嫌いな刺激から遠ざけるよう工夫する（物理的構造化を活用する） 38 周囲の安全を確保する（物理的構造化を活用する） 39 突発的な行動に備えたポジションをとる

4. 氷山モデルシートとは?

行動の水面下にある「原因」を探る

さて、いよいよ本書で中心的に取り上げる2つの分析モデルのシートの説明に入っていきましょう。

障害のある人の支援現場では、日々利用者さんのさまざまな行動がみられます。予防の観点のある対策をするものの、支援者の思いもよらない、いわゆる「不適応行動」が起こることもあります。

そこで活用できるのが、「氷山モデル」です。行動には必ず原因があり、その原因は目に見えにくいものですが、「本人の特性」や「環境・状況」を洗い出していくことで、水面下に隠れている原因にせまることができる、という考え方です。わたしはかつて、TEACCHプログラム[※8]を学んでいた時に、氷山モデルに初めて出合いました。現在では問題解決の方法としてよく取り上げられています。

※8　1960年代中頃、米国のノースカロライナ州立大学のエリック・ショプラー教授らが提唱した、自閉スペクトラム症の人を包括的に支援するプログラムを指します。全世界で評価され広まり、日本でも各地で実践の動きがみられます。氷山モデルは、TEACCHプログラムから生まれたものです。

氷山モデルを分析するためのシートは、ミーティングでゼロからみんなで記入することもできますし、あらかじめ担当スタッフがたたき台として記入したものをミーティングで精査する方法もあります。いずれもミーティングでシートを仕上げることで、1人よがりの意見や偏った見方を防ぎ、担当スタッフだけの責任ではなく、チームで決めた支援方法だという意識を全員がもつことができるというメリットがあると考えています。

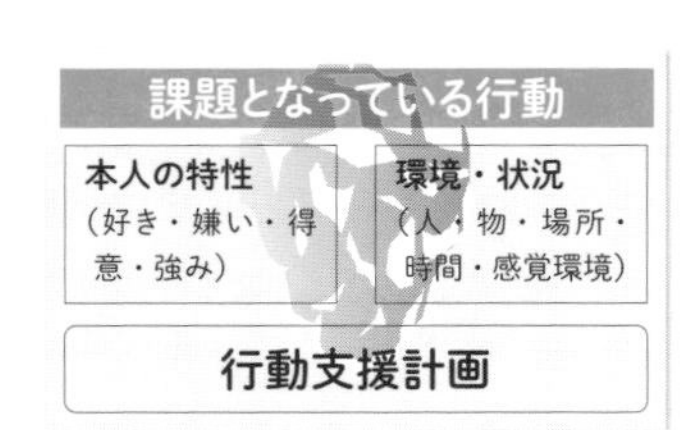
課題となっている行動
本人の特性
(好き・嫌い・得意・強み)
環境・状況
(人・物・場所・時間・感覚環境)
行動支援計画

❶ 水の上に出ている氷山（行動）を選ぶ

まずは、本人にとって課題になっている（したい）行動を選びます。

おそらくそれは1つではないでしょう。いくつかの課題行動に優先順位をつける必要があります。すなわち、他者や自分を傷付ける、物の破壊や激しいこだわりなど、緊急度が高いものであれば、検討の優先順位が上がるかもしれません。

一方で、以前は課題だったけれど、今は解決している行動を取り上げることもできます。以前課題だった行動は、自然に解決したわけでなく、何らかの支援や配慮があったからこそ解決したはずなのです。

その理由を氷山モデルで分析するのも、今後の支援を構築する手がかりになります。

また、本人がすでに安定的に行動していることを、「課題」ではなく「長所」として分析し、その行動がどんな特性や環境・状況だから安定しているのか、その特性を生活の他の場面に活かせないかと検討することにも使えます。誰でも、自分の欠点やできないことばかりではなく、できていることに着目してもらいたいものです。本書では、このようなポジティブなシートの使い方もおすすめしています。

まず、利用者さんの1つの「行動」を、氷山モデルシート（☞P172）の上の枠に書いてみましょう。慣れないうちは、解決・分析しやすそうな行動から練習してみてもよいでしょう。

❷ 水面下の「本人の特性」「環境・状況」を考える

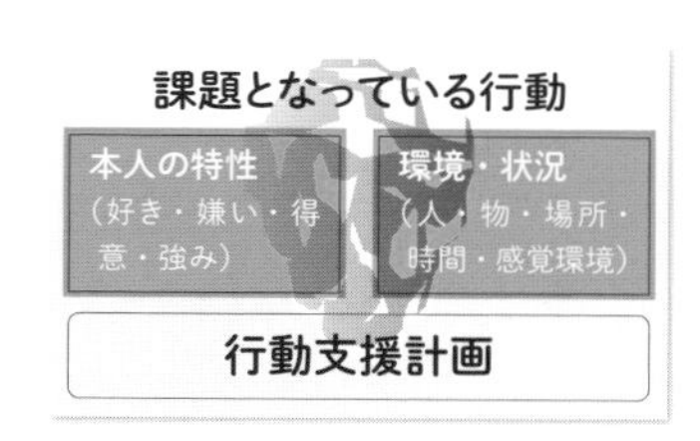

課題となっている行動
本人の特性
（好き・嫌い・得意・強み）
環境・状況
（人・物・場所・時間・感覚環境）
行動支援計画

行動を1つ書いたら、次は中段の「本人の特性」と「環境・状況」を記入していきます。

中段は左側にある「本人の特性」欄から埋めたくなりますが、初めは右側の「環境・状況」のほうがイメージしやすいでしょう。つまり、誰といた時か、どんな物があったか、場所はどこだったか、どの時間帯か、暑かったか、寒かったか、うるさかったか、静かだったか、など感覚的な環境はどうだったか、思い出しながら書き込んでみましょう。

左側の「本人の特性」はまず、「自閉症特性シート」［表1］から、原因と想定されるものを選んで記入してみましょう。特性が数多く表出している利用者さんだとたくさん書きたくなりますが、わかりにくくなってしまうので、上の「行動」に関連している特性に限定して書き出しましょう。本人をよく知る家族に聞き取ってもよいかもしれません。

ここまで記入できれば、課題となっている行動の原因がかなりアセスメントできたことになります。本書では、ここまでのシート記入や❸の行動支援計画の立案を、他のスタッフと話し合いながら行うことをおすすめしています。詳しくは第2章などで説明しますが、そうすることでより深い原因やよい方法が見えてくる可能性があります。

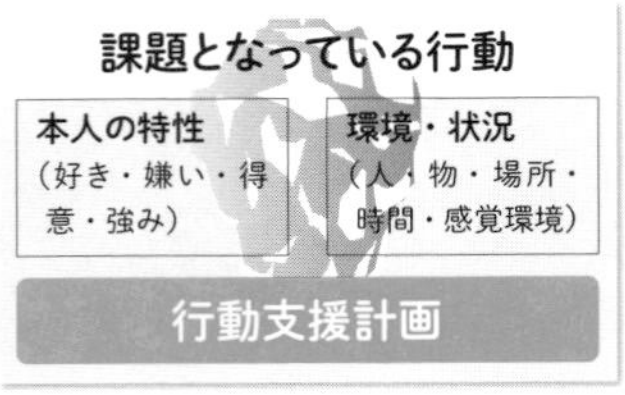

課題となっている行動

本人の特性 (好き・嫌い・得意・強み)	環境・状況 (人・物・場所・時間・感覚環境)

行動支援計画

❸ 未来の「行動支援計画」を話し合い導く

いよいよ、下段の「行動支援計画」を考えていきましょう。

まずは、「本人の特性」に配慮した支援とは何かを考えます。基本的に、「本人の特性」は容易に変わるものではないので、特性を変える、という発想ではなく、特性を前提として何ができるかを探っていきましょう。

「環境・状況」は、変えたりコントロールできたりすることが多いでしょう。その環境・状況で起こりやすい行動なので、そこを変えれば発生を予防できることも多くあります。

行動支援計画は、支援者の「発想」「着想」がキーポイントです。特にミーティングではさまざまなアイデアが出ることが期待できます。「できるかどうかわからないけど、こんなやり方がいいかも?」など、少し突飛なアイデアでよいので、とにかく出し合うのがコツです。たくさん出た中から、「あっ!」とみんながうなずくようなアイデアが見つかることもよくあります。

こうしてみんなで話し合い、出てきたアイデアについて、ひとまずどうやったら実践できるか、役割分担や周知徹底の方法などもざっくりまとめてみましょう。慎重に計画するもの以外は、細かく詰めるよりも、まずは当座実践できるように落とし込むのがコツです。

そして、みんなで決めた計画を「行動支援計画」欄に書き入れましょう。

このように、氷山モデルシートを活用して整理すると、困った行動を解決しやすくなったり、特性を活かしてさらに利用者さんの暮らしを豊かにしたりすることもできます。 ぜひシートをチームで共有しながら知恵を出し合い、解析する習慣を身につけてください。

5. ABC分析シートとは?

その「行動」が続いている
メカニズムを理解する

ABC分析は、ABA（応用行動分析※9）という心理学の方法論の一つです。応用行動分析では、「行動」が起こるには「先行事象」というきっかけがあり、その後にもたらされる「結果」によってその行動が増えたり減ったりする、と考えます。つまり、「先行事象」や「結果」を調整できれば、「行動」を変えることができるわけです。

※9　心理学における行動療法の一つで、バラス・フレデリック・スキナーによって提唱されました。人の行動は環境との相互作用によって起こるものとし、特に発達障害児・者支援において世界中で多くの成果をあげています。ABC分析は、応用行動分析の理論に基づく介入方法です。

「行動」の前の「先行事象」と
後の「結果」を考える

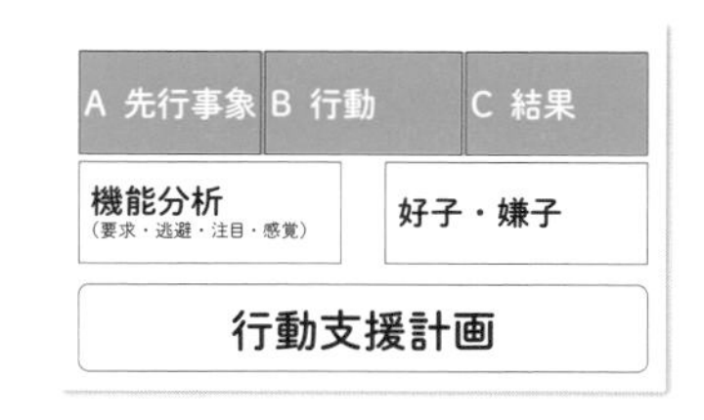
A 先行事象
B 行動
C 結果
機能分析
（要求・逃避・注目・感覚）
好子・嫌子
行動支援計画

まずはABC分析シート（☞p173）の「B 行動」に、課題となっている行動を記入します。氷山モデルシートと同様、優先順位を決めて、1つの行動に絞って書き込みます。その際、「○○しない」といった否定文で書くのを避けましょう。「□□する」という肯定文で書くことで、今後の支援でその行動が増えたのか減ったのかを検証することができます。

次に「A 先行事象」を記入します。ここは氷山モデルシートの「環境・状況」にあたります。たくさん思い浮かぶかもしれませんが、「B 行動」に直結する強い「きっかけ」を、3つ以内に絞り込むとよいでしょう。

次に「C 結果」を記入します。「B 行動」が何によって維持されているのか理解することができます。結果として「良いこと」が起きたからその行動が維持されているのです。「良いこと」がなくなれば、行動は消えていくことになります。

「行動」の機能と好子・嫌子を分析する

A 先行事象
B 行動
C 結果
機能分析
（要求・逃避・注目・感覚）
好子・嫌子
行動支援計画

ABC分析シートの上段を埋めたら、中段の「機能分析」と「好子（こうし）・嫌子（けんし）」を考えます。

※10　応用行動分析による理論の一つで、行動の機能を特定し、適切な行動を増やすために行います。行動の機能の分類はいくつかありますが、本書では、大きく要求・逃避・注目・感覚の4つに分けて分析しています。

ABC分析シートで最も有効活用できるのは、この「機能分析※10」でしょう。応用行動分析の考え方として、人の行動は「要求」「逃避」「注目」「感覚」の4つに分類できるとされます。例えば、「たたく」という行動があったとします。「たたく」ことで何かを獲得しようとしていれば「要求」、嫌なことから逃げるために「たたく」なら「逃避」、人に来てほしいために「たたく」なら「注目」、「たたく」時の音を楽しんでいるなら「感覚」、と分類できます。

記入した「B 行動」の機能は、この4つのうち、何でしょうか。近いと思われるものを選んでみましょう。1つだけではなく、2・3種が関係している行動もあります。

※11　応用行動分析による専門用語の一つ。簡単にいうと、好子は本人にとってポジティブなイメージの、「好ましいもの」、嫌子は本人にとってネガティブなイメージの、「嫌なもの」です。強化子・弱化子と呼ぶこともあります。

次に「好子・嫌子※11」を記入します。例えば、「たたく」ことで「要求」しているなら、ほしがっているお菓子や玩具などが「好子」となっている可能性があります。「たたく」ことで「逃避」しているなら、嫌な作業や人、物などが「嫌子」となっているかもしれません。「たたく」ことで「注目」を得ようとしているなら、他者のかかわりが「好子」の場合があります。「たたく」ことで「感覚」を満たしているならば、得た刺激が「好子」と考えられます。

機能分析の「要求」「注目」「感覚」には好子が、「逃避」には「嫌子」が隠れています。何が好子・嫌子なのか特定できれば、それを出したり引いたりしてアプローチできます。例えば、機能分析の結果が「要求」ならば、「たたく」ではなく「絵のカードで要求する」などの新たなスキルを得ることで、「たたく」の頻度を変えることができるのです※12。

※12　本書では、「機能分析」「好子・嫌子」の欄に、なぜそう分析したかという根拠も示しています。シートの使い方に慣れれば、記入しなくても理解できるようになるでしょう。

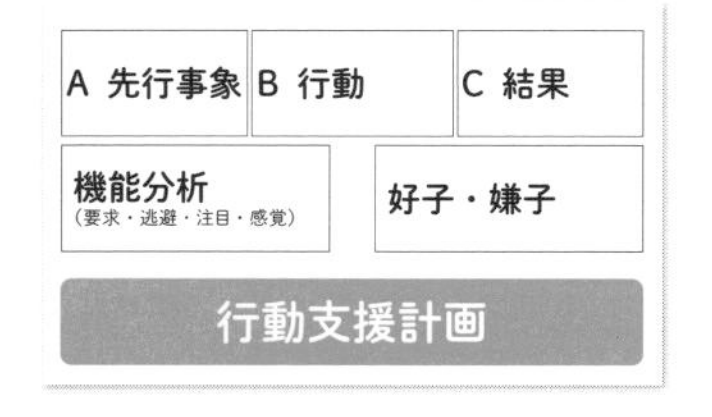
A 先行事象
B 行動
C 結果
機能分析
（要求・逃避・注目・感覚）
好子・嫌子
行動支援計画

分析した原因から「行動支援計画」を導く

下段の「行動支援計画」は、氷山モデルシートと同様に、支援者のアイデアの見せどころです。機能分析と好子・嫌子の特定で、原因がかなり明確になっています。その原因をどうすればよいのか、「こんなのは無理かな……」と思わず、思いついた具体的な方法をどんどん書き出します。1人では実現不可能なアイデアも、他のスタッフと協力し、施設全体で取り組めば可能となるかもしれません。

シートを囲んで他のスタッフと知恵を出し合い共有すれば、可能性は広がります！　ぜひチャレンジしてみましょう。

第2章

「シート活用ミーティング」をやってみよう！

1. 共通の意識をもって支援するために

教育・研修で学んだことを、現場に活かそう

障害のある人を支援するためには、専門の知識と技術を学ぶ必要があります。それらは、各施設における教育・研修のほかにも、自治体や福祉や心理の職能団体[※13]、大学、医療機関などが行う研修でも学ぶことができます。

昨今の研修プログラムは、内容が精査され、理解しやすく学べるように整理されてきました。テキストやレジュメも充実し、どこの施設にいても研修会の情報を入手できます。以前は大都市での集合型研修が多かったのですが、現在はリモートでの研修も増え、インターネットでも最新知識を学べます。基本的な知識を学ぶ環境は、以前よりかなり充実しました。

学んだ知識を自分の技術として身につけるには、支援現場での経験が必要です。どれだけ学んで知識をつけても、支援現場で活用できなければ意味がありません。

支援現場での教育は、OJT[※14]と呼ばれる、実地における指導が最も有効です。上司や先輩についてもらって支援を実施し、その場で評価を受けることが福祉施設でのOJTにあたるといえます。

ただし、OJTは、上司についてやみくもに体験するのではなく、体系的に実地研修をすることで効果的な学びとなります。教える側が何を学んでもらいたいかを明確に伝えないと、教わる側は何となく付き添うだけになってしまいます。期間と目標を定め、いつまでに何を学ぶのか、目的をもってOJTを受けてこそ効果があるものです。例えば、「お茶を飲みすぎる方への声かけの方法を学ぶ」を今週の目標とし、OJTで手本を見て、実際に取り組み、評価を受けるといった具合です。

最近ではさらに、コンサルテーション[※15]という研修スタイルも増えました。他施設や専門機関の経験値の高いスタッフ（指導者）が訪れ、支援の様子を見てアドバイスをしたり、その施設のニーズに応じた研修をオーダーメードで提供する形で行うこともあります。

※13　都道府県が主催するもの以外にも、都道府県や市町村の社会福祉協議会が主催する研修があります。そのほか、公益財団法人日本知的障害者福祉協会、TEACCHプログラム研究会など各種団体がその専門性を活かしつつ、各地区単位で主催するなど、さまざまな特色・規模の研修が開かれています。

※14　On the Job Trainingの頭文字を取ったもの。講義形式の教育ではなく、実際の支援現場において先輩や上司の直接指導を受けながら学ぶ実務実践研修です。講義形式で知識を頭に入れてから、OJTで技術も身につけることを意識すると効果的な教育研修となります。

※15　福祉・心理の分野では、他職種の専門家が施設に出向いて助言・相談をすることを指します。支援現場で直接、実践的な指導を受けることができ、人材育成の効果的な方法として確立されつつあります。

氷山モデルシート・ABC分析シートを チーム支援のための基礎ツールとして使おう

前記のような座学や現場教育で、氷山モデルやABC分析シートを目にしたことがある人もいるのではないでしょうか。

しかし、現場で実際にこれらのシートを使ったことがない、教えられた時に数回やってみたきりで、積極的に現場に導入していないという人も多いかもしれません。導入できない理由として、時間がない、上司に必要がないと言われる、同僚が協力してくれないという声を多く聞きます。

本書では、シートを用いて短時間（10〜20分）でできるチームミーティングをおすすめしています。そのための時間を施設の毎日の業務の中に組み入れるところから始めましょう。日課として決めて取り組むことで定着します。上司や同僚の協力が得られない場合は、まずは少人数でもよいので取り組み、その成果を示すことが最も有効で説得力があります。同じ考えをもつ仲間は必ずいるので、盛り上げていきましょう。

現場でこれらのシートを頻繁に活用し、本人の特性や環境・状況、先行事象と結果の関連性を押さえて、シート自体を共通言語とすることができれば、施設内のスタッフが交代しても、同質の支援が引き継がれます。

特に常時見守りが必要で濃密な支援が必要な人などにはチーム支援が欠かせません。1人のスタッフが長時間つきっきりになることは不可能です。施設のスタッフも異動などで入れ替わります。障害のある人はこの先何十人という支援者に囲まれて生活していくことを考えると、どんな支援者でも一定の支援ができる状態を作る必要があります。シートの活用は、スタッフの日々の引き継ぎ負担の軽減はもちろん、利用者さんたちが混乱なく生活していくための、「長期的なチーム支援」を支えるものでもあるのです。

自分の頭の中のことがきちんと支援に直結しているか、他のスタッフと同じかどうかは、意外とわからないものです。まずは、自分の施設でこの2つのシートを活用し、スタッフみんなで振り返り、話し、落とし込み、整理して考える習慣をつけてみてください。

シートの共有でよりよい支援へ

これらのシートは、支援の現場にどんどん知られてきているので、他施設でも共通理解できるツールとして使えます。支援に行き詰まった時や意見を聞きたい時に、プライバシーに配慮した上でそのまま使うことができるのです。自施設のスタッフだけでは見えなかったことも、第三者が違う角度から見ることで新たな発想が出てくることが多々あります。シートができたら、ぜひ、自分の施設だけでなく、他施設との事例検討会やサービス担当者会議※16など多職種による会議でも使ってみてください。

また、あなたが上司としてOJTによる指導をする時も、事例検討に氷山モデルやABC分析のシートを使うことをおすすめします。言葉で教えただけでは覚えていられないことも多いものですが、シートを使えば記録として残すことができ、その学びを復習して他の人に伝え、施設全体で共有してもらうこともできます。コンサルテーションでも、氷山モデル・ABC分析シートを使った事例検討は多く行われています。

※16　多職種、多施設、多機関が集まってする会議を指します。特に、利用者が複数の福祉サービスを利用している場合、通所施設、グループホーム、ヘルパー、相談支援など、本人とその周りの多くの関係者が集い、情報や課題の共有、今後の見通しなどを協議します。個別支援計画のモニタリングにおいても、多職種による会議を開催します。

2.　行動支援計画を導く「シート活用ミーティング」のススメ

その日の出来事を、ミーティングでその日に解決

現場で働いていて、利用者さんのできることが増えたり、問題が減ったりすることは、支援する人たちのモチベーションを維持する、最大のごほうびでしょう。

一方で、現実はよいことばかりではありません。目を覆いその場から逃げ出したくなるような出来事も起こり得ます。しかし、支援者がその出来事から逃避してしまうと、問題はずっと残り続け、毎日同じ苦労をすることになります。さらに、次の日には次の日の問題が出てきます。それらを放っておいても、解決することはありません。

そのような問題は、できればその日のうちに素早く手立てを構じ、次の日には対策を試行していく必要があります。そのためにも、前述のように、氷山モデル・ABC分析シートを使ったチームミーティング[※17]、「シート活用ミーティング」の時間・機会を、毎日作ることをおすすめします。

「ただでさえ忙しいのに、無理！」と感じる人も多いでしょう。しかし、シートの使い方はすぐに慣れますし、ひとたび慣れれば、素早く検討し対策を導けるようになります。何より、放置するよりもずっと短時間で問題の核心に近づき、ひとまずでも対策を練ることができます。

わたしたちが支援する人は1人ではありません。施設なら何十人も利用者さんがいる場合もあります。1人につき何時間も検討していては、時間的にも、支援者のエネルギーの点でも、到底支援しきれないでしょう。ベストな支援を追求することは忘れてはいけませんが、支援し続けるために、同時に全体の支援の効率性を考慮することも重要です。「いまできることを、まずやってみる」という姿勢で、日々素早く検討して、ひとまずの対策を導き、トライ&エラーで繰り返し続けることが大切なのです。

※17　他にも、打ち合わせ、会議、事例検討会、カンファレンスなど呼び方は数々ありますが、本書では15分程度のちょっとした打ち合わせをイメージして、「ミーティング」という言葉を使用しています。自分の施設で何と呼ぶのが適しているかは、チームのメンバーと一緒に決めるとよいでしょう。

シート活用ミーティングの時間設定

シート活用ミーティングの設定時間として一番いいのは、その日の勤務終了後でしょう。その日に起こった出来事をすぐに検討し、明日の対策や準備ができるからです。施設の営業時間[※18]や開所時間によっては、朝や昼に行ってもかまいません。

毎日のミーティングを必要な日常業務として位置付け、スタッフのスケジュールに組み込みましょう。その日起きた出来事は、その日のミーティングで話し合い、ひとまず解決し、対策を講じます。

ミーティングの実施時間は10～20分を目指します。業務終了後に机に向ってする堅い対話は、きっとつらいでしょうから、本書のカバーイラストのようにシートの前で立ち話をするようなスタイルでかまいません。課題が検討できればよいのですから、気楽に、効率的に臨みましょう。

短時間でよい方法が浮かばない場合でも、支援の方向性（止めるか、容認するかなど）は絞り込めます。短時間で支援の方向性を共有できるなら、協力するスタッフも多いのではないでしょうか。

※18　施設の営業時間（運営時間）は、各施設で運営規定により定められます。放課後等デイサービスであれば、午後～19時くらいの営業時間が多いでしょう。一方で、成人が通う生活介護などの通所施設であれば、9～16時くらいが多いでしょう。
一般的に、営業時間の前後には、スタッフが支援の準備や事務仕事をするための業務時間が確保されているはずです。その中で、施設の事情に合わせたミーティングの時間を、毎日定例で設定しましょう。

シート活用ミーティングの参加者

ミーティングには、もちろん全スタッフが参加できればよいのですが、送迎や他の会議など、全員集まることが困難な場合も多々あるでしょう。

氷山モデル・ABC分析シートは、検討結果を視覚化し、記録に残し、共有することができるのが利点です。出席できなかったスタッフも、後で見て共有することができます。ですから、全員参加にこだわる必要はありません。

検討する時に事務所のホワイトボードを使い、翌日まで消さずに残しておいたり、検討したシートを事務所内のスタッフが見やすい場所に貼っておいたり、シートを写真に撮りスタッフのグループチャットやメールなどで送ったりすることもできるでしょう。非常勤のスタッフにも共有する工夫はできるはずです。

シート活用ミーティングの進行役

ミーティングは通常、参加者のスタッフ同士が自然と話し始めるまでは、進行役（多くはリーダークラスになるでしょう）が各スタッフに質問したり聞き取ったりしながら進めていきます。

施設にミーティングの習慣がついたら、進行役ができるスタッフを増やしましょう。進行役をスムーズにこなせるようになった頃には、頭の中に氷山モデルシートやABC分析シートが思い浮かぶようになっています。頭の中で描いたシートをミーティングで表現できれば、さらにミーティングを短時間で効率的に進行することができるでしょう。

チーム支援ではチームメンバーであるスタッフの協力は欠かせません。施設全体で、シート活用ミーティングが有用なものであるという意識を高めていきましょう。

3. 行動支援計画を導き出すための支援技法

TEACCHプログラムにおける構造化

支援現場では、利用者一人ひとりに合わせたオーダーメードな支援を日々構築し、実施と修正を繰り返します。ただし、オーダーメードとはいえ、ある程度決まった技法や方法論、型も存在します。それらを支援のアイデアのテンプレートとしてとらえ、バリエーションを知っておくと、行動支援計画の立案にとても役立ちます。

特に施設スタッフが学ぶべき支援技法の一つは、TEACCHプログラムにおける「構造化」です。構造化には「スケジュール」「物理的構造化」「ワークシステム」「ルーティーン」「視覚的構造化」があります［表3］。

こうした構造化を意識して、支援技法の一つとして使いこなせるようになれば、行動支援計画を導くための引き出しが増えます。ミーティングの際は、構造化の視点を取り入れて、課題の行動が変化するにはどうしたらよいか、意見を出し合ってみてください。

ABA（応用行動分析）による介入方法

TEACCHプログラムにおける構造化と並んで、行動支援計画によく用いられる支援技法に、ABA（応用行動分析）による介入方法があります。ここではそのうち、「分化強化」「先行子操作」「プロンプト」「消去」「弱化」を取り上げましょう［表4］。

ミーティングの際に支援計画のアイディアに行き詰まったら、［表3］と［表4］を広げて、このケースではどんな支援ができそうか、イメージするように使っていただけると嬉しいです。

[表3] TEACCHプログラムにおける構造化の技法

構造化の技法	説明	例
スケジュール	その名の通り、「予定」を本人に示すこと。見通しを視覚的に見せることで、安心して活動に取り組むことができる。本人の理解に合わせた手がかりと、提示する場所や時間、扱い方などはオーダーメードする。	1日全体の予定を、写真や絵、文字などで示す。1日全体だと長すぎて混乱する場合は、半日のみ、または次の活動のみ提示する。
物理的構造化	今するべきことがわからなくなる、気が散って関心が移りやすい、などの人に有効な支援方法。空間や場所を限定することで、そのエリアで何をするのか理解しやすくなったり、活動に支障がある刺激（音・物・人・温度など）を制限することで、活動に集中しやすくなったりする。	食事専用の机、作業専用の机を決めるなど、場所と活動を一対一化すると、そこで何をすればよいかおのずと理解できる。 大きな音が苦手な場合は防音室を用意したり、他のものや人が目に入ると気が散ってしまう場合は、カーテンやパーテーション※19などで視界を限定したりするなど、刺激の制限をすることも支援となる。
ワークシステム（活動の構造化）	作業・体操・自立課題※20などの活動で、「何をするのか」「どれくらいするのか」「どうなったら終わりなのか」「終わったら何をするのか」を伝える手立てを指す。 一連の活動を順序よく実行し、今している活動と次の活動の切り換えもスムーズに行うことができる。	①写真や絵、実物を目の前に置いてどうするのかを示す。 ②個数や分量などを具体的・明確に示し、どれくらいするのかを伝える。 ③時計の針がここに来たら、タイマー※21の音が鳴ったら、など本人が理解できるように「おしまい」を伝える。 ④「おしまい」の後は、音楽を聴いてよい、寝転がってよい、次の活動をする、など、その後の行動が本人のわかる写真や絵で指示されている。 ①〜④がはっきりとわかるように示されている。
ルーティーン	習慣的に繰り返す動きや活動を指す。自閉症のある人は、突発的な行動を求められたり、臨機応変に動いたりすることが苦手な人が多い一方で、パターン化された動きは学習も早く、定着しやすい。その特性を活かし、活動や日課を確実に行うために用いられる。	・服を脱いだらかごに入れる ・かばんをロッカーに入れる ・食器を流しに運ぶ など、動作と動作のつながりをパターンで習慣化する。
視覚的構造化	目で見てすぐ理解できる提示をすること。言われなくても見ただけでわかる「視覚的指示」、あいまいさがなく明確に区別できる「視覚的明瞭化」、形をそろえ整然とさせたり、規則正しく並べたりする「視覚的組織化」に細分化される。	・何をしまう引き出しか、内容の写真を貼っておく ・自分の立つ位置や座る場所に目印をつける ・自分のものには決まったシールを貼る など、見てすぐわかるような形にする。

※19　構造化の際によく使われる、簡易な仕切りを指します。事務所に相談コーナーを設ける、広い部屋を用途別に仕切る、診察室とバックヤードを区切る、などによく使われているもので、事務機器や医療備品として売られていることが多いようです。

※20　本人が学習や余暇、家事などさまざまなスキルを身につけるために、自分だけで自立して取り組むことを目的として、個別のニーズに応じてオーダーメードで作られるものを指します。目で見て何を求められているか理解でき、初めから終わりまで1人で取り組めるように工夫が施されています。実際は、カゴに入っていたり、ファイル状になっている教材のようなものが多いです。詳しくは、拙著『TEACCHプログラムに基づく自閉症児・者のための自立課題アイデア集――身近な材料を活かす95例』（中央法規出版、2019年）を参照してください。

※21　タイマーは人を介さずに自分で合図を受け取り判断することになり、他者に指示されるより自立度が高い方法といえます。キッチンタイマー、スマートフォンのタイマー、ストップウォッチなど、時間が示せて音が鳴るものであれば、何でも利用できます。

[表4] ABAによる介入の技法

介入の技法	説明	例
分化強化	現在課題となっている不適応行動を、より適切な別の行動に置き換えること。行動支援計画を考えていく上で、まず考えるべき重要な方法論。 「要求」「逃避」「注目」「感覚」などの行動の機能を分析して、同じ機能をする別の行動を伝える。	お菓子がほしいが、「お菓子をください」と言葉で言えず、「たたく」ことで支援者を呼び、お菓子を強引にとってしまう場合、「たたく」代わりとなるコミュニケーション※22（「ください」と言えるようにする、「絵のカードを渡す」ことでお菓子をもらえるようにする、など）を練習したり、一緒に検討したりする。
先行子操作	不適応行動を起こしやすくしている環境要因を取り除く方法論。時と場合によって行動が起きたり起きなかったりする場合は、起きないような先行事象に置き換えていく。	・お菓子が「見える」ために「たたく」という不適応行動が起きている場合、お菓子を見えなくする ・「たたかないで」という「声かけ」でパニックになる場合、声かけせず、ジェスチャーで対応する ・おやつの時間になると部屋が「暑い」ためにイライラする場合、部屋を涼しくする など、環境調整で不適応行動を起きにくくする。
プロンプト	望ましい行動を引き出すための、指示と一緒に用いられる補助的な刺激。以下のような種類がある。 ①言語指示：声かけによる指示 ②ジェスチャー：身ぶり手ぶりで伝える ③モデリング：支援者が手本を見せる ④身体誘導：直接、手とり足とり誘導する ①→④の順で支援の度合いが高くなる。 すぐに介入せず、望ましい行動が出るまで待つことを、「遅延プロンプト」という。	①「お菓子がほしいときは何て言う?」と伝える。 ②ほしいものが描かれたカードを出すように支援者が指差す。 ③支援者がカードを他のスタッフに渡す様子を見てもらい、まねしてもらう。 ④支援者が、本人にカードを持ってもらうよう手を添え、他のスタッフに渡す。
消去	課題である不適応行動を減らしていく支援技法。 ABAでは、不適応行動が続いているのは、その行動により「何かよいこと」が起きていたり、「何かいやなこと」から逃れられたりするから、と考える。「消去」は、その「よいこと」が起きないように、本人の望んでいる反応をあえて「しない」という対応をする。ただし、「消去」だけでは、本人もどうすればよいのかわからなくなってしまうことが多いので、必ず「分化強化」を併用する。	・お菓子がほしいが、「たたく」ことで支援者を呼び、お菓子を強引にとってしまう場合、たたいてもお菓子は出さない。「たたいても何も出てこない」と気づき、「たたく」が消えていく可能性がある。 ・「たたく」ことで「作業から逃れたい」という場合、（本人に適した作業の質・量を再検討した上で）たたいても作業をがんばってもらう。「たたいても作業から逃れられない」と気づき、「たたく」が消えていく可能性がある。
弱化	他害や破壊、社会や他者に多大な影響を及ぼすこだわりなど、すぐに手を加えないと被害が大きな行動（重篤な不適応行動※23）に対する最終手段として使うことがある。詳しくは、右のような技法がある。効果も高いが危険な技法でもあり、どうしても止めるべき行動に限って使用する。ミーティングで支援案として出た際は、チームで慎重に検討し、必ず「分化強化」も併用して、上司の許可、本人への予告、家族の了解を得ること。	「たたく」ことでスタッフの反応を楽しんでいる場合、以下のような方法をとる。 **オーソドックスな弱化**：叱責する **タイムアウト**:スタッフから離れてもらったり、逆にスタッフが離れたりして、反応を楽しめないようにする **レスポンスコスト**：その後の楽しみな予定をなくす **オーバーコレクション**：掃除をいつもの2倍してもらう などのペナルティを設ける

※22 コミュニケーションは、双方向における情報の行き来で、意味ある情報の往復をすることですが、自閉症の特性上、発信が難しい、理解が難しい、やりとりが難しいことが多く、適切なコミュニケーション方法を自然に獲得できないこともあります。そのような時は、支援者が意味あるやりとりの方法を伝えつつ、その人なりの表現方法で、社会で容認されるものを探っていくことになります。

※23 不適応行動が特に重篤な状態になると、本人がつらいだけでなく、家族や周囲の人、社会も巻き込んだ問題に発展することがあります。今すぐ介入が必要な、著しく激しい自傷・他害・破壊・こだわりで、放置すると本人や周囲へのダメージが増すことが予見される場合、弱化などの介入に際しても、本人、家族、関係者などに方法を説明し、理解を求めることが必要でしょう。

4. シート活用ミーティングを実践に活かす

結果を支援計画とリンクさせよう

氷山モデル・ABC分析シートは、問題解決のためだけに使われるシートではありません。どんな場面でどんな行動が起こり、どんな対処が考えられるのか、シートはそのままアセスメントシートにすることができます。アセスメントシートは施設によりさまざまで、ADL※24などの状況を聞き取るシートが多いかと思いますが、決まった様式があるわけではないので、氷山モデル・ABC分析シートもその中の一部に加えてみてください。状況を聞き取るアセスメントも大切ですが、困った時にどのような対応をとればうまくいくのか、その困りごとはどこから来るものかを明確にしておくと、支援の際のハウツーリストにもなります。

また、放課後等デイサービス※25や生活介護※26などの福祉サービス事業所でも、原則的に個別支援計画の作成が求められています。個別支援計画をうまく立て、計画通りに目標を達成することで、その人の暮らしはどんどんよくなります。小さな目標を立て、スモールステップ※27でできることが増えると、本人も家族も自信につながります。できないことを何とかする計画ばかりではなく、氷山モデル・ABC分析シートを使って、その人のできていることをより伸ばすような、ポジティブに達成できる目標を見つけていく個別支援計画を作っていきましょう。

個別支援計画においては、何が課題やニーズで、どのような目標でどのような支援をしていくかを本人や家族と考えます。シートを使えば課題は明らかになっているので本人や家族にいくつか支援方法を提示し、相談しながら個別支援計画に落とし込んでいきます。

いわゆる強度行動障害の人を支援している施設では、重度障害者支援加算を受けている事業所も多いでしょう。この加算には支援計画シート等の作成※28が求められています。このシートの一つとして、氷山モデル・ABC分析シートを使用することもできます。

モニタリング※29では、何らかの原因でつまずいている場合、目

※24　日常生活動作。日々の生活を送る上で最低限必要な動作（食事、排せつ、入浴、更衣、整容、移動など）のこと。これらの現状を把握することで、直接的な身体介護がどの程度必要か見立てることができます。アセスメントをとる際の基本といえます。

※25　小学校1年生から高校3年生までの学齢期における障害のある人の福祉サービスとして、全国で広く運営されています。日中は学校へ通い、放課後からここに通います。学校からの送迎、自宅までの送迎を行う施設も多く、家族の介護負担を軽減するという目的も担っています。活動内容は施設によって千差万別ですが、障害のある人のための施設として、利用者の特性を把握し、個別支援計画に基づく支援が求められています。

※26　常時介護が必要な人のための福祉サービス。社会参加、自立の促進、生活の改善、身体機能の維持向上などの目的を果たすために、さまざまな活動が行われています。障害の重い人を主な対象とした事業なので、食事、排せつなどの生活自立を意識した活動もしっかり行われます。利用者には成人も多いため、「生産活動」と呼ばれる、利用者が軽作業を提供して工賃を得る活動や、「創作的活動」の機会を提供する施設も多くあります。

※27　障害のある人の目標設定で基準となる考え方で、小さな目標を少しずつクリアして、最終的に大きな目標を達成すること。はじめから大きすぎる目標を設定しても、達成できずモチベーションが維持できない場合もあります。そこで、例えば「着替えができるようになる」という大きな目標のために、「ボタンをはめられるようになる」「服の裏表がわかるようになる」など、達成できそうな小さな目標を設定し、積み重ねていくとうまくいきます。これが、「スモールステップ」です。

標設定を見直すことがあります。その場合も、氷山モデルやABC分析シートを用いて、なぜうまくいっていないのかを分析することができます。

5. チームで目指す シート活用ミーティング

活気あるミーティングを目指して

シートを活用したミーティングの導入には、チームから不安な声が上がることもあります。シートの作り方が想像できない、書類仕事が増えるのではないか、本当に効果があるのか、などです。わたしも自分の職場でそのような声を聞いてきましたので、現場の意見はよくわかります。

本書では、スタッフがシート記入に前向きになれるように、マンガを多用することで、書き方やミーティングの進め方をイメージしやすくなるように工夫しました。取りかかるハードルをなるべく下げて、理解するより慣れること、使いこなすより使ってみることを目標としています。ぜひ職場のみなさんにも読んでいただき、ミーティングのイメージを共有してください。

ポジティブな支援を目指して

支援現場で働いていると、日々起こるさまざまな問題に対処することになるので、つい問題解決思考のネガティブなシートの作成に偏ることが多くなります。

本書では、利用者さんが今できていることをさらに生活に活かすには？　という発想でポジティブな支援を考えるシート活用法も紹介しています。氷山モデルでは「本人の特性」と「環境・状況」を、ABC分析では「先行事象」と「結果」を把握し、それらを適切に調整することで、特定の行動を減らしたり増やしたりすることができます。よい行動をさらに増やすという発想で記入したシートも第3章、

※28　強度行動障害のある人を受け入れる生活介護等の施設では、報酬算定上、「重度障害者支援加算」という加算をとることができます。この加算をとるために必要な条件の一つに、「支援計画シート等の作成」があります。具体的な書式は規定されていませんが、支援計画を作成していく上で必要となるアセスメントなどが想定されています。

※29　個別支援計画における中間評価のこと。長期目標や短期目標の達成度をチェックし、必要であれば目標の変更や修正も視野に入れます。最長でも6か月ごとのモニタリングが必要とされています。定期的に経過を確認し続けることで、目標達成に向けた細やかな配慮を継続する効果があります。

第4章で紹介しています。ぜひ参考にしてください。

利用者さんの未来につながる支援の記録に

障害のある方の生活は日々変化します。新たに学んだり、少し環境が変わったりすることで生活全体が一変することもあります。シートで解決した事例も、1年後には違う問題となって現れるかもしれませんし、昨日うまくいかなかった行動支援計画が、明日には有効な支援になっている可能性もあります。シートを記録として残して、その変化をつかんでいきましょう。

過去にうまくいかなかった支援でも、もう一度試してみる価値はあります。また、現在困っている行動も、過去を探ると同じ行動をしていた場合があり、その時にうまくいった方法をもう一度使うこともよくあるのです。

もちろん同じ支援が何年も何十年もうまくいき続けることもありますが、支援者はそれにあぐらをかくことなく、利用者さんの変化にあわせて行動支援計画も柔軟に変えていきましょう。

第3章

氷山モデルで行動支援計画を導く「シート活用ミーティング」

Case1

常同的行動の特性を活かして 1人で散歩できるようにしたい

散歩は施設でよくみられる活動です。外出や身体を動かす習慣は大切ですが、
あまりに自由に行動するようでは、円滑に活動できません。
安全に散歩するために、本人の短所と思われている特性をとらえ直してみましょう。

本人の特性をとらえるポイント

・本人が散歩コースを理解するための手がかりは何でしょうか?

・覚えた散歩コースは、毎回間違えずに歩けるでしょうか?

・安全に歩くためには、いつも誰かがついていないとならないでしょうか?

・歩く動作や速さは安定していますか?

話し合いのコツ

・現在はどのようなコースの設定をしているか、それは本人の特性と適合しているか、振り返ってみましょう

・本人は、コースに変化がつくことをどう感じているか、話し合ってみましょう

・通り道で工事があるなど、環境的な変化があっても安全に歩けるか、話し合ってみましょう

できることを活かしてより素敵に暮らすには

常同的に動けることを活かし 1人で安全・自立的に散歩し

本人の特性（好き・嫌い・得意・強み）

・理解が難しい（散歩コースを言葉で説明されても、うまく理解できない）
・常同的・反復的行動（一度覚えたことを繰り返してしまう）
・変化への対応が困難（一度覚えたやり方を容易に変えない）

行動

1
今、散歩コースは
どのように決めているの?
A
B
C
D

2
飽きないように、
毎回違うコースに
しています
バリエーションを
つけてあげようと
思いまして

3
この前
今日
でも、前回のコースをよく覚えて
いて、そっちへ行ってしまうんです

4
それだと毎回修正するために
スタッフが付き添う必要があるよね

■ 以前の課題 ■

外出活動の経験が少ない

■ 以前の行動支援計画 ■

毎日「散歩」の日課を設け、身体を動かす習慣を作る

たい

環境・状況（人・物・場所・時間・感覚環境）

・どのコースを歩くかは事前に伝えられていない
・散歩コースは声かけや指差しで、方向を示して伝えられている
・同じ公園でも毎回コースを変えている
・付き添うスタッフは毎回変わっている

計画

環境・状況をとらえるポイント

・散歩コースはあらかじめ本人に伝えられていますか?
・散歩コースはどのような方法で説明されているのでしょうか?
・散歩コースは誰が決めていますか?
・決め方にはルールがありますか?

1
いつも誰がコースを決めているの?
決め方のポイントがあるかな?
決めるのは私か　ですね

2
決め方は……
わたしたちの気分次第で……
暑い日は
短いコースにするとかね
付き添う人によって本人の
行動が変わらない?
それは変わらないと
思います
4

本人が違うコースに行ったらどうしてるの?
声かけや指差しで
修正できています
3

話し合いのコツ

・散歩コースが決まっているのは、スタッフが支援しやすいためなのか、話し合ってみましょう
・散歩予定のコースを外れた場合、どのように修正しているか、確認してみましょう
・付き添うスタッフが変わることで本人に変化はみられるか、確認してみましょう

じゃあ、これからどうする？ ～行動支援計画を立てよう～

ルーティーン（☞p28）が強く
出る方なんだね
そうなんです
でも、修正もしやすいので
困っていないんです

それでも毎回コースを
間違えそうだから、スタッフ
が付き添っているのよね？
？

スタッフがそばにいないと
どこに行っちゃうかわからないですね一
もともと歩くことは得意で
速いですしね

せっかく自分で歩けるのに
常にスタッフが
付き添っているのは
もったいないと思うな

ルーティーンが強い特性を
逆に活かしてみるのはどうだろう？
それは「リフレーミング」の
技法だね

リフレーミングって
何ですか？
「見方を変える」ということ

Strength!
ルーティーンは一見弱点だけど
「パターンになると間違えない」
という強みでもあるよね

なるほど
散歩コースをルーティーン化すれば
間違えない強みになるってことですね

私たちはコースに変化をつけようとしてたけど
固定するほうが特性的に安心ってことですか

本人のためにと考えていましたが
それは僕たち目線の話で
本人は違うかもしれないですよね

もちろんケースによるけど
そういう視点も重要だよ
この場合は自分で歩けるんだし

明日から散歩で行く公園ごとに
コースを固定化してみます
1人で歩けるように
なってくれると
私たちもうれしいです！

導かれた 行動支援計画

・公園1つにつき1つのコースなど、固定化・ルーティーン化することで、1人で歩いてゴールできるようにする

行動支援計画を導く話し合いのコツ

リフレーミングで特性をとらえ直す

弱点と思われていた部分を、強みとしてとらえ直すことで、特性を活かした、本人ならではの行動を引き出すことができます。チームでミーティングする時には、「自閉症の特性をとらえ直す」というリフレーミングの視点を忘れないようにしましょう。特にルーティーンは、リフレーミングすれば支援に有用な特性です。「障害特性としてのルーティーン」が「構造化としてのルーティーン」に生まれ変わります。

支援者目線から本人目線へ

支援者であっても、つい自分の価値観で支援を考えがちです。日常にバリエーションがあったほうが楽しいのでは、何が出るかドキドキしたほうが楽しいのではと考えがちですが、こだわりが強かったり、見通しがもてなかったりすると不安になりやすい特性がある人にとっては、そのような発想は適切ではないことがわかります。本人の障害特性を考慮して、どんな方法だと安心できるのかを話し合ってみましょう。スタッフ1人では気づかなくても、ミーティングで視野を広げることができます。

ルーティーンを維持しつつバリエーションを増やす

ルーティーンを構造化として活かせば、本人は見通しがもて安心感も高まります。しかし一方で、過剰なパターン化に陥ると、同じことばかり繰り返す状況が生まれてしまいます。
そこで、ルーティーンを維持しつつバリエーションを増やす手立てもあります。このケースなら、公園1か所につき1つのコース、公園を10か所に増やして10コースと、混乱を防ぎながらバリエーションが増やせるのです。構造化してルーティーンを活かす一方で、生活の幅を広げていく考え方も取り入れましょう。

Case2

好きなおやつを自分で選べるようにしたい

合図がないと動かない、いわゆる指示待ち傾向の人はいるものです。
スタッフが選んでいたものを、あるきっかけで自分で選べるようになったら、
それを機に、他の場面でも選べるようにできないでしょうか。

本人の特性をとらえるポイント

・好きなものがあるのに自分で言えない理由は何でしょうか?

・選ぶ動機づけを高めるために活用できそうな本人の強みや強い興味はあるでしょうか?

・今まで経験してきたことをくり返すことで安心できる様子ですか?

話し合いのコツ

・本人が伝えている場面を想像して、いつもどのように伝えているのか、他にどんな方法ならできそうか、各スタッフの観察から意見を出し合ってみましょう

・もうちょっとで「選ぶ」ことができそうなものはないか、本人が「大好きなもの・こと」の情報を出し合いましょう

できることを活かしてより素敵に暮らすには

「好きなもの」を選ぶ力を生活の他の場面でも活かし

本人の特性（好き・嫌い・得意・強み）

・状況の理解が難しい（何をどれくらい取ったらいいのかわからない）
・ものに対する強い興味（星の形をしたものが大好き）
・常同的・反復的行動（いつもと同じように誰かに選んでもらうことを繰り返す）

行動

1

自分で「ほしい」と言えないの?
言葉はほとんど出ないですね

2

でも、指差しはできるんですよね
うん
うん

3

他にも「好きなもの」を選べるようになれば
もっと暮らしやすくなるよね

4

「星形」や「ハート形」が好きですよね
それを指差して「選べる」といいですよね

■ 以前の課題 ■

おやつを自分で選ぶことができない

■ 以前の行動支援計画 ■

・本人の大好きな「星形クッキー」をおやつの中に入れる

・「選んでいいよ」と声をかける

いきたい

環境・状況（人・物・場所・時間・感覚環境）

・いつもスタッフがおやつを選んでいた
・自分で選んだ経験がほとんどない
・星形のクッキーは自分で選ぶことができている

計画

環境・状況をとらえるポイント

・いつもは誰がおやつを選んでいましたか？

・暮らしの中で、人に選んでもらうことが当たり前になっていますか？

・どんなものを提示すれば選びやすいのでしょうか？

・今までに自分で選んだ経験はあるでしょうか？

1
いつもなぜスタッフが選んじゃうの？
自分で何も言わないので…

2
自分で選んだ経験がないのかな？
そうですね。周囲の人が先回りして解決してるんです

3
スタッフが選ぶものだと思い込んでいました

4
自分で選んだ経験が増えるともっと「選べる」ようになるかもね
グッ

話し合いのコツ

・「おやつを選べるようになった」時の支援をみんなで振り返り、今回も応用できないか話し合いましょう

・おやつを指差しで選べる場面と、その他の「選べない」場面との違いはどんなところか、比べてみましょう

・どんな経験が積み重なればできるようになるか、話し合ってみましょう

じゃあ、これからどうする？ ～行動支援計画を立てよう～

じゃあ、
彼女がさらに
「選ぶこと」が
できるように
なるための
支援計画を
考えていこう

本人が好きな
「星形クッキー」の袋を
他の商品の中から
「選べる」ように
練習するのは
どうでしょう？
・・・
・・・

24
24
星形クッキーは
近くのコンビニに
売っていましたよね
それなら
ローコストでいいよね
散歩外出の途中に行く？

そうですね
まずは
星形クッキーがある棚に
一緒に行けば
いいですよね
いっぱいあると
選べないから
初めはスタッフが
いくつか示したら
どうかな？

・・・
それでも
本人が選ばな
かったら
どうしたら
よいで
しょうか？

どうぞ
その時は
「どうぞ」と
声かけが
必要かもね

声かけでも動けな
かったら、スタッフが
星形クッキーを指差し
ましょうか
それならすぐに
できそうです

練習を重ねていけば
選ぶ習慣もできると
思います！
習慣さえできれば
選ぶことが
定着しそうだね

星形クッキー
以外も
選べるように
なってほしいな

他にも好きなお菓子があるか
ご家族にも聞いてみます!!
う…うん！ 好きな
お菓子がわかったら
練習を開始しようね
ガンバレ
青年
よーしっ

導かれた 行動支援計画

- 「星形クッキー」など、自分の好きなお菓子をコンビニエンスストアでも選べるように般化する
- 選ぼうとしなかったら、声かけやジェスチャー（プロンプト☞p29）できっかけを作る

行動支援計画を導く話し合いのコツ

「般化」を意識した取り組みに

般化とは、ある場面でできるようになった行動を他の場面でもできるようにすることを指します。このケースの場合、施設で出されるおやつは選ぶことができるようになっているので、スタッフは話し合いでも視野を広げて、施設外に目を向けた般化を目指すとよいでしょう。

選ぶ練習は段階をふんで

コンビニエンスストアのような、魅力的なお菓子がたくさんある店では、選ぶ難易度がぐっと高くなります。選べない経験が重なると逆効果なので、一足飛びに難易度を高めず、みんなでブレーキをかけ合いながら計画しましょう。このケースの場合、スタッフが2～3種類を手に取り、その中から選んでもらう、この棚の中から、ここまでの中で、など、種類を制限しながら段階を経て取り組むと、本人が目標を達成する確率が高まるでしょう。

プロンプトは最小限に

指示待ち傾向の人は、初めはスタッフのプロンプトを待ってしまいます。声かけやジェスチャーは、本人が行動しない時に、最小限にしましょう。
「しばらく待つ」という支援（遅延プロンプト）も必要です。待つことで自発的な行動を引き出すことができる確率が高まります。

選択の幅を広げていく視点で

1種類を選べるようになっただけでは、毎回どこでも同じものしか選べなくなってしまいます。他の選択肢も選べる経験を積むことで、本人のスキルと自立度はより上がるでしょう。

Case3

スケジュール＋特性を使って自分の暮らしの細部まで選択したい

構造化でよく知られる「スケジュール(☞p28)」。多くの施設で実践されていますが、本人は本当にそれを自分らしく使って、豊かに暮らせているでしょうか？毎日同じなら、見る必要がないのでは？　振り返る必要があります。

本人の特性をとらえるポイント

- 行動をする時、何を手がかりに動いているのでしょうか?
- スケジュールを見て判断している様子はありますか?
- いつもと異なる日課の時、本人はどう行動しますか?
- 写真では、どれくらい細部まで理解し、違いを把握できていますか?

話し合いのコツ

- 今までどれくらいの期間、ルーティーンによる行動をしていたのか話し合ってみましょう
- いつもと異なる日課の時、スタッフの声かけへの反応はどうか、情報を出し合いましょう
- 本人は写真でどのくらい理解ができるか、その他にも状況把握のきっかけになりそうな強みがあるか、話し合いましょう

できることを活かしてより素敵に暮らすには

写真によるスケジュールで、より本人らしい暮らしを実現

本人の特性（好き・嫌い・得意・強み）

- 理解が難しい（言葉の理解は苦手）
- 常同的・反復的行動（ルーティーンに頼る）
- 変化への対応が困難（いつもと同じやり方に戻そうとする）
- 写真は細かい部分まで違いを理解できる

行動

1

長期間ルーティーンに頼った生活だから
簡単には習慣が抜けないよね

2

言葉の理解も苦手なので
日課やスケジュールより
感覚的な習慣に頼っているようです
?

3

でも、写真の理解は
できるんだよね
はい。写真を提示すると
よく見て理解してくれますね

4

周囲の動きもよく見ていますよ
場面を見て情報を得るのは
得意そう

■ 以前の課題 ■

毎日、周りの様子と、身についているルーティーン（☞p28）の感覚を頼りに動いてしまう

■ 以前の行動支援計画 ■

本人の個別スケジュールを写真で確認し、それに基づいて行動する

こい

環境・状況（人・物・場所・時間・感覚環境）

- 施設の日課はあまり変化がない
- 集団活動や他者と一緒に動く場面が多い
- ルーティーンや周囲の動きをきっかけに判断すれば、日常的に困ることはない

計画

環境・状況をとらえるポイント

- 施設では、日課の変化はどの程度ありますか?
- 他の人の動きが手がかりになる場面は、どの程度ありますか?
- 現在の暮らしの中で、次の行動がわからず本人が困ることは、どの程度ありますか?

話し合いのコツ

- 施設ではなぜ変化の少ない日課になっているのか、振り返りましょう
- 何年も変化のない状態であるということは、本人の現在または今後にとってどういうことか、考えてみましょう
- 1人でいるなど、他の人の動きを見られない場合、本人はどのように行動することが予想されるか、話し合いましょう

1

そもそも施設は
変化があまりない日課にしていますよね

2

そのおかげでみんな
安定しているように見えますが……

3

それはすばらしいけど、自分で選んだり
判断したりする機会が少ないのかも
?
活動Ⓐ
活動Ⓑ

4

現状、本人が困ることがないので
元の日課に戻してしまうんですかね
B
C
A

じゃあ、これからどうする？ ～行動支援計画を立てよう～

使えるようになった写真提示のスケジュールをもう少し機能させたいね

イマイチ機能しないのは使っても使わなくても変わらないからでしょうね

確かに、ほぼ変わらない日課が続くので、頭に入っていそう

じゃあ、あえて日課に変化をもたせるのが有効でしょうか？

スケジュールに意味をもたせるには、それがよさそうね

でも、集団活動も多いし、1人だけ活動を変えるのは難しいですよ
日課は同じでも例えば作業の内容や、散歩先・外出先は変えられるんじゃない？

そうか！　いつもは「さぎょう」「くるま」って大雑把に示してたけどもっと細かい部分まで写真で見せるとしっかり見てくれるかも！

それならすぐできるし実際どうするか見てみたい！

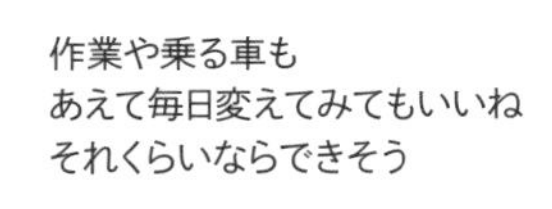
作業や乗る車もあえて毎日変えてみてもいいねそれくらいならできそう

「さぎょう」「くるま」の全種類を写真で用意してみましょうか
うん
うん
うん

初めはルーティーンで動いていつもの作業や車に戻ってしまいそうですね

その時は、スケジュールの写真をもう一度見せる？
写真を指差して、違いに注目してもらえるようにしますね

では、明日から日課に細かい変化をつけスケジュールに沿って行動してもらえるようにしよう
さぎょう
ごはん
くるま

導かれた 行動支援計画

- 日課に少しずつ変化をつけ、細かなスケジュールの違いを写真で示す
- ルーティーンに依存して動いたら、再度スケジュールの写真を見せて誘導する

行動支援計画を導く話し合いのコツ

繰り返しの日課で安定したら、変化をつける

自閉症、特に行動障害がある人には、繰り返しによる安定的な日課が情緒の安定にもつながります。ある程度情緒が落ち着いていたら、次のステップとして変化を入れていきましょう。小さな変化が毎日の生活に彩りをもたせます。
支援者も、利用者の安定的な状態に甘えることなく、暮らしが少しでも豊かになるような視点を忘れずに話し合いましょう。

スケジュールを実効的に機能させる

言葉の理解が不十分な人は、昔からのルーティーンで動いたり、周囲の動きを敏感に感じ取ることを自分の行動のきっかけにしたりしていることがあります。こうした動き方、感じ取り方は素晴らしい強みです。
しかし、環境が変われば日課やパターンもいずれ変わります。その時柔軟に対応できるように、スケジュールの機能も実効的に使えるようになっておきたいものです。現在のスケジュール機能が形骸的なものになっていないか、振り返ってみましょう。

理解しやすい分野の強みを活かしたスケジュールを作る

視覚的な合図、例えば画像の理解に強みがありそうなら、写真の細かい違いに気づけるかもしれません。どの作業をするか、どの車に乗るかといったことの他にも、どこに行くのか、何を食べるかなど、本人が理解できる手がかりを写真にして、スケジュールに利用することができます。選ぶことができる日課なら、複数の写真を提示することで、本人の選択を引き出すことができるでしょう。
最近では、スマートフォンなどですぐに写真を撮って出力できます。視覚的な支援はどんどん取り入れましょう。

Case4

「伝えたい」気持ちを活かし適切な伝え方を身につけたい

要求の適切な伝え方を知らないと、怒ってしまったり伝える気を失ったりして、強引に奪うなどの不適応行為として出てしまうことがあります。
本人が伝えたいと強く思うテーマがあれば、それを活かして伝え方を覚えてもらいましょう。

本人の特性をとらえるポイント

- 本人がコミュニケーションをとりたいのは、どんなことでしょうか?
- 本人の発語は、どんな場合にも、誰に対しても不明瞭で理解しにくいのでしょうか?
- どんな文字や文章を書けるのでしょうか?

話し合いのコツ

- 本人が話したい、誰かとコミュニケーションをとりたいと強く思っているのはどんなことか、本人の興味についてあらためて掘り下げてみましょう
- 書くことができる文字や文章にどんなものがあるか確認しましょう
- 文字や文章は「これしか書けない」ではなく、「これなら書ける」という強みとしてとらえ直してみましょう

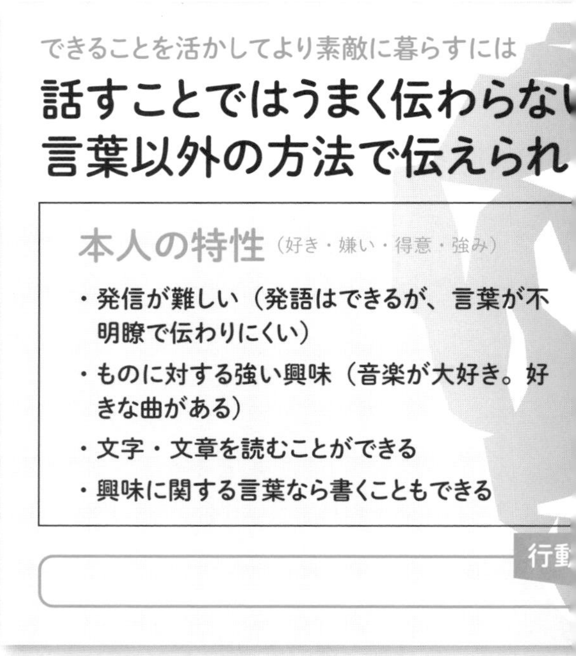

できることを活かしてより素敵に暮らすには

話すことではうまく伝わらない
言葉以外の方法で伝えられ

本人の特性（好き・嫌い・得意・強み）

- 発信が難しい（発語はできるが、言葉が不明瞭で伝わりにくい）
- ものに対する強い興味（音楽が大好き。好きな曲がある）
- 文字・文章を読むことができる
- 興味に関する言葉なら書くこともできる

行動

1
話しかけてくるんですけど
完全には聞き取れなくて……
?
◎☆×○△
～!?
2
「わからない」って言うと怒るんですよ
ご家族は聞き取れるみたいだけど
まだコツがわからない……
3
ご本人は文字も書けるよね?
自分の好きな言葉なら
少し書けます
4
好きなことを文字にできるって
大きな強みだね!

■ 以前の課題 ■

ほしいものやしたいことを、不適切な行動で伝えてしまう

■ 以前の行動支援計画 ■

ほしいものやしたいことを、適切な行動でスタッフに訴える

要求を
ようにする

環境・状況（人・物・場所・時間・感覚環境）

- 本人の発語による発信は伝わらない場合がある
- 施設内では、話すことによるコミュニケーションを求められている
- 不明瞭な発語を理解できるスタッフは2人くらいしかいない

計画

環境・状況をとらえるポイント

- いつもは施設内でどのようなコミュニケーションを求められているのでしょうか？
- 本人の不明瞭な発語を理解できる人は何人くらいいますか？
- 普段の要求は、話すことでどれくらい周囲に伝わっているでしょうか？

1

スタッフは普段、どう
コミュニケーションをとっているの？

2

やっぱり話して、です
話すことって大事だと思うんですけど

3

でも、伝わらなくて怒っているなら
違う方法も考えないとね

4

彼の発語をそれなりに理解できる人ってどれくらいいるの？
ご家族と
2人のスタッフだけです

話し合いのコツ

- 不明瞭な発語を理解するために、周りの人はどのような慣れやコツが必要か話し合いましょう
- 施設内で、話すこと以外でのコミュニケーションをとる機会は用意されているか、振り返りましょう
- 現在発語を理解できる人だけで本人が不足なく要求を伝えられているか考えましょう

じゃあ、これからどうする？ ～行動支援計画を立てよう～

発語を理解できるスタッフが
2人だけ……
コミュニケーション不足だね
気持ちを伝えられる手段を
もっと増やしたいよね

関心のあることを伝えられると
本人も嬉しいんじゃないかな

……！ 彼は歌が好きです
休憩中に聴きたいって
リクエストしてきますよ

僕たちが
うまく聞き取れないと
怒りはじめるん
ですけどね……

好きな言葉なら書けるのよね？
どんな言葉？
好きな歌のタイトルを
ノートに書いている時があります

自分が休憩中に
聴きたい歌なら
紙に書いて伝えられると
思います！

文字ならスタッフは読み取れそう？
大丈夫です
普通に読めますね

うまくいったら
歌以外にもしてほしいこと
を書いてもらおうか

きっと好きなことの言葉を覚えて
書いてくれます！
これで怒らないなら
僕たちも安心ですよ

伝わる経験を積めば
文字で伝えることも強化される
「代替行動分化強化」という
手法だね
代替行動
分化強化

なるほど
目的は同じだけど
代わりの方法で
相手に伝えるんですね

じゃあ、書くためのノートを
用意します！
きっと楽しく伝えられますよ！
NOTE

導かれた 行動支援計画

- 伝えたいことをノートに書いて伝えられるようにする
- 大好きな音楽の話題から始めて、他のこともコミュニケーションをとれるようにする

行動支援計画を導く話し合いのコツ

現在のコミュニケーション方法が適正かどうかを検証する

現在、コミュニケーションの方法があっても、理解できる人が足りなかったり、うまく意思疎通できず怒るなどのトラブルが生じたりしていれば、その方法は実用的なコミュニケーションとはいえません。今できていることだけに満足せず、より多くの人とより機能的なコミュニケーションをとれるようになるにはどうしたらよいか、支援者は常に考えておきましょう。

できることや強みを見出し、活用する

新たなコミュニケーションやスキルを身につけたり学んだりする時は、今までのやり方を変えることになるため、本人にとって抵抗感が強い場合があります。
そうした時は、本人がもともとうまくできる「スキル」「強み」をスタッフで挙げ、それを活かした支援で本人が前向きになれるように心がけましょう。新しいことを覚えるたびにスキルも伸びてくるため、覚えるのもつらくなくなります。

興味・関心のあることから取り組み、身につきやすくする

このケースでは、「音楽」という本人の興味・関心のある分野から、「文字」が書けるという強みを活かして、新たなコミュニケーションスキルの獲得を始めようとしています。これだけでも、本人の取り組む姿勢はかなり前向きになるでしょう。新しいスキルを獲得する時には、強み以外に、本人の興味や関心のあることから始めることも意識しましょう。
好きなことが相手に「伝わった！」「できた！」という成功体験は、次の機会にも同じようにやってみようとする動機づけになります。スタッフからも、「伝わっているよ！」という姿を見せることで本人のモチベーションが高まるように、リアクションを工夫しましょう。

Case5

作業活動や机上の活動に集中して取り組みたい

施設では、作業など机に向かう活動もあります。
集中が長く続かない人や多動傾向の人は、離席が増えてしまいます。
机に向かう時間を少しでも長くするためにできる、特性を活かした工夫を考えてみましょう。

本人の特性をとらえるポイント

- 活動時間の長さや休憩時間の長さ、タイミングなどは、どのような手段で本人に伝えられているのでしょうか？
- 求められている活動に自ら取り組もうとする意欲はありますか？
- 特性による感覚的な問題は、活動の集中力に関係していますか？

話し合いのコツ

- 今、何をする時間か、どのくらいするのか、どうなったら終わりなのかなど、本人に見通しを理解してもらうために、現在の方法が合っているか、一番よい方法は何か、話し合ってみましょう
- 感覚に過敏な特性がある場合、どのような配慮があれば集中力を保てるか、考えてみましょう

できることを活かしてより素敵に暮らすには

作業活動や自立課題活動で
机に向かえる時間を今よりも

本人の特性（好き・嫌い・得意・強み）

- 状況の理解が難しい（活動時間と休憩時間の区別ができない）
- 理解が難しい（言葉で見通しを伝えてもうまく理解できない）
- 感覚の過敏（触覚の過敏があり、触れるものの好き嫌いがある）

行動

- 本人が座っていたい感覚になるような座り心地のよいいすを用意する

行動支援計画を導く話し合いのコツ

「座ること」が快い状態を作る

作業時間を短くし、少しでも座っていることができたら、次はその時間を延ばしていきたいもの。座る状態を心地よく感じてもらいましょう。特に感覚刺激が優勢なタイプの人は、いす・机の質感、背もたれ、足が床につくかなどに配慮が必要です。本人が好むいすはどれか、施設中のいすをいろいろと試してみましょう。

■ 以前の課題 ■

机に向かう作業がほとんどできない

■ 以前の行動支援計画 ■

・作業の時間を短くし、休憩時間を増やす
・取り組みやすい簡単な活動を繰り返す

増やしたい

環境・状況（人・物・場所・時間・感覚・環境）

・活動室内は他者の声や動きでざわついている
・活動室内は動き回れるスペースがある
・背もたれのないいすに座っている

計画

・部屋の環境（温度、湿度、音など）や活動エリアの広さを適正に保つ

感覚過敏でも快適な空調管理を

感覚過敏のある人は、支援者が想像する以上に、空気の状態を肌で感じています。空調は細やかな調整を心がけましょう。

物理的構造化の視点で空間調整

活動場所に広いスペースがあると、走るなど別のことをしたくなってしまいます。このエリアはこの活動とはっきり示しましょう（物理的構造化☞p28）。

環境・状況をとらえるポイント

・活動している場所は、どんな状況（温度、湿度、音、光など）が多いでしょうか？

・活動している場所には、目的以外の刺激や興味を引くものなどがあるでしょうか？

・机やいすの高さ、質感などは、本人が集中できる造りになっているでしょうか？

話し合いのコツ

・集中できない理由の一つに部屋の状況が影響していないか、環境調整の視点で配慮がなされていたか、振り返ってみましょう
・現在の環境（メンバーの構成、座席、机、いすなど）は、いつからどのように決まったのか、振り返ってみましょう
・活動エリアは目的に応じて整理されているか、再確認しましょう

Case6

伝わりにくい「加減」を視覚的に理解したい

声量や力など、抽象的な「さじ加減」の理解が難しい人でも、
数値化したり視覚で伝えたりすることで理解できることもあります。
この方法がうまくいったら、他の場面にも応用してみましょう。

本人の特性をとらえるポイント

- 本人は、ドアが大きな音を出すことや壊れることに対して、困っていますか?
- 障害特性上、声や力など、微妙な調整が必要なことの加減が把握しにくいということはありませんか?
- スタッフの「小さく」「弱く」などの声かけに対し、本人はどの程度反応しますか?

話し合いのコツ

- 周囲の困っている気持ちが伝わっているか、みんなで話してみましょう
- 本人の返事は、理解しているという合図か、単に注意をかわす方法なのか、検討しましょう
- スタッフは声かけに頼った支援ばかりしていないか、振り返ってみましょう。

支援によりできたことをさらに高めるには

「加減」を理解するやり方を
ドアを、適切な力加減で開け

本人の特性（好き・嫌い・得意・強み）

- 状況の理解が難しい（力いっぱいドアを開け閉めすると壊れてしまうが、気にしない）
- 理解が難しい（「優しく」「弱く」という曖昧な表現が伝わりにくい）
- 変化への対応が困難（ものに応じた力加減を使い分けることが苦手）

行動

1

ドアを力いっぱい閉めて大きな音が……
私もつい大きな声で応戦してしまう……

2

「そっと」「優しく」と言っても
難しいんだね
言えば本人は「はいっ!」って
言うんですけど
そっとネ
ハイッ

3

ドアが何度も壊れて
周りは困ってるのに……

4

社会性の障害からか
本人は何ともないのかな
うまく伝え合えるといいよね

■ 以前の課題 ■

どこでも大声で話をしてしまう

■ 以前の行動支援計画 ■

・休憩中の声量を基準（Level.5）として、
他者への影響が大きい作業時の声量を決める

利用して、
閉めできるようにしたい

環境・状況（人・物・場所・時間・感覚環境）

・引き戸でも開き戸でも、軽い扉も重い扉も、どんなドアも関係なく、力いっぱい閉める
・毎回「そっと閉めよう」「優しくね！」などの声かけによって注意されている

計画

環境・状況をとらえるポイント

・ドアの形状や重さによって、本人の力加減に変化はありますか？

・声かけされることで、本人に反応はみられますか？

・「そっと」「優しく」といった漠然とした言葉以外で伝えようとしたことはありますか？

1

「優しく」「弱く」という
声かけでわかるかな？
優しくね
？

2

優
？
しい・・・
言われてみれば……
「優しく」って
どのくらい？

実は私たちにも
わかりにくい言い方なんだね
私たちの「当たり前」を
押しつけていたのかも
しれません……

3

声の大きさを調整した時は、
各場面で基準を作りましたよね

声の大きさ
10
あいさつ
休けい中
5
作業中
0

4

話し合いのコツ

・スタッフ自身「そっと」「優しく」と伝えられて、加減を明確に理解できるか、考えてみましょう

・課題（声の大きさの調整）をうまく達成したときの方法を振り返ってみましょう

・壊れやすい、大きな音が出やすいなど、周囲が困ることになりやすいのはどんなドアか、考えてみましょう

じゃあ、これからどうする？ ～行動支援計画を立てよう～

声の大きさが調整できたんだから
力加減もできるかもよ
声の時は
数値化したんですが
今回はどうします？

施設のドアは大別して
重いのと軽いのがあるよね
力加減もまず2種類を
使い分けたいね

重いドアは「10」
軽いドアは「5」の力と
設定し、表にして伝えましょうか？
2種類なら表にしやすいし
見るとわかりやすいね
10
5

10の力と5の力……
どんなふうに伝えようか？
彼は右利き……
右手の力を10、左手の力を5に
したらどうかな……
10 : 5

それはわかりやすいね！
まず「右手の力」
「左手の力」を覚えて
徐々に数値化していくんですね！

「右手で開けて」「左手で開けて」
なら声かけでもわかりそう！
右手：10、左手：5という
表も作っておこう
右手 左手
10 5

この力の数値が理解できれば、
他の場面でも応用できるかも！
うんうん。その発想なら
生活がより豊かになりそうだね

音楽の時間の太鼓も
いつも全力で叩いているよね
いずれその場面でも
応用できそうですね

これがうまくいけば
注意されがちな毎日が
気持ちよく過ごせる
ようになるんじゃないかな

ご本人が気持ちよくなれば
僕たちも気持ちよくなる
僕たちの仕事はそういうものだよね

100
80

導かれた 行動支援計画

- 「右手の力」「左手の力」を伝える
- 「右手の力」「左手の力」を理解したら、それぞれを数値化して他の場面でも応用する

行動支援計画を導く話し合いのコツ

曖昧なことは具体的に伝える

集団生活では各場面にふさわしい加減や態度を求められます。それができず調整する時に、支援者は「優しく」「弱く」「ちょっと」「少し」など、つい抽象的な言葉を使いがちです。しかし自閉症のある人は、こうした曖昧な概念の理解や臨機応変なふるまいが苦手な傾向があります。そもそも場に応じた態度をとることに無関心な場合もあります。
各場面にふさわしい言動について、曖昧なことや臨機応変に対応すべきことをいかに具体化して伝えられるか、アイデアを出し合いましょう。

視覚的支援を用いた曖昧さの伝え方

声量や力加減のような、目に見えない、形にできないものをはっきりと感じ取ることは難しいものです。そのようなものを目に見える形にして伝わりやすくすることも「視覚的支援」です。数字や文字の大小、色の濃さや薄さなど、本人の理解の傾向に合わせた方法で伝えましょう。支援者としては、「曖昧さを見えやすくする引き出し」をたくさん集めておきたいものです。このケースのように、以前の支援で成功した理解しやすい方法が見つかっていれば、その人のその後の生活にどんどん活かしましょう。

大ざっぱな分類から始め、徐々に細分化していく

目に見えない声量や力加減などを具体的に表現して視覚的に伝えるにしても、いきなり細かくは調整できません。このケースでも、10段階のうち、初めは「5」と「10」のみ体得してもらっています。最初は2～3種程度に分類し、それに慣れてきたら、さらに繊細に調整していきましょう。

Case7

「苦手な食べ物」を適切に処理したい

感覚過敏という特性から、自閉症のある人には偏食の人も少なくありません。このケースでは、嫌いなものを取り除けば他のものは食べられるようになりましたが、取ったものを床などに捨ててしまいます。どうしたらよいでしょうか。

本人の特性をとらえるポイント

- 偏食には、障害の特性がかかわっていませんか?
- 残したいものがある時、スタッフや周りにどのように伝えていますか?
- 食べ物を捨ててしまうことについて、どう感じているのでしょうか?

話し合いのコツ

- 嫌いなものを床に捨てることを不適切と認識できるか、話し合ってみましょう
- 偏食の原因には、障害特性による感覚過敏が作用している可能性はないか、感触以外にも色や形、においも影響していないか、情報を集めましょう
- 食事以外の場面ではどんな発信ができているか、振り返りましょう

支援によりできたことをさらに高めるには

食事から取り除いた苦手な食
床に捨てずに適切に残すこと

本人の特性（好き・嫌い・得意・強み）

- 感覚の過敏（味覚や触覚が過敏のため、偏食が多い）
- 発信が難しい（残したいことを伝える手段をもっていない）
- 状況の理解が難しい（床に捨てることが不適切であるとわからない）

行動

1

他にも、嫌いなものはポイポイ床に捨てますよ
スタッフにちゃんと言ってくれればいいのに……

2

とりあえず、見えなくしてしまいたいのかもね

でも、嫌いな食べ物は特に嫌そう「好き嫌い」ってだけじゃないかも

3

特定の食べ物が口の中にあると気持ち悪いとか、特性によって感じ方が違うのかもしれないね

4

■ 以前の課題 ■

苦手な食べ物以外は食事をとる

■ 以前の行動支援計画 ■

・あらかじめスタッフが苦手な食べ物を取り除いて提供する
・嫌いな食べ物を自分で取り除く

べ物を
ができるようにしたい

環境・状況（人・物・場所・時間・感覚環境）

- 偏食の多さから、苦手な食べ物がほぼ毎日食事に出る
- スタッフができるだけ苦手な食べ物を除去して提供している
- たまに、苦手な食べ物を自分で取り除けても、どうすべきかは教えられていない

計画

環境・状況をとらえるポイント

- 苦手な食べ物は、どのくらいの頻度で食事に出てくるのでしょうか？
- 現状は、苦手な食べ物をどうやって回避しているのでしょうか？
- 自分で取り除いた苦手な食べ物をどうすればよいか、本人は知っているでしょうか？

1

苦手な食べ物って
どのくらいの頻度で出てくるの？
ほぼ毎日なんです……
Everyday…

2

僕たちが気づけば
取り除いているんですが

でも、忘れたり、本人が苦手だって
知らなかったりすることも多いです

3

だからたまに自分で取り除いて
床に捨てるわけね

4

話し合いのコツ

- それだけ多くの苦手な食べ物に、スタッフが全て対応し続けることは可能か、話し合いましょう
- 不適応行動が起こるのはどのくらいの頻度か、自宅の様子を家族から聞いたりして、支援の優先度を再検討しましょう
- 苦手なことに遭遇した時、本人はどのように対処しているか、話し合ってみましょう

じゃあ、これからどうする？ ～行動支援計画を立てよう～

苦手な食べ物を
床に捨てるという行動は
何とか改善していきたいね
う～ん

食べ物の大切さを教えるのは
難しいですかね？
う～ん
food

「食べ物の大切さ」という
「状況の理解」は難しくて
時間がかかるかもね
う～ん
?

毎日起こっているので
すぐに効果のある
方法がいいです
う～ん

嫌いなものを取り除いた後の
処理方法がわからないから、捨てちゃうのよね
ん？
何かアイデアがありそう？
う～ん
….！

自分で取り除いた苦手な食べ物を
決まった別のお皿に自分で
移せるように試してみたいです

自分でちゃんと
そこに移せるのかな？
最初は何度か伝える
必要がありそうだね

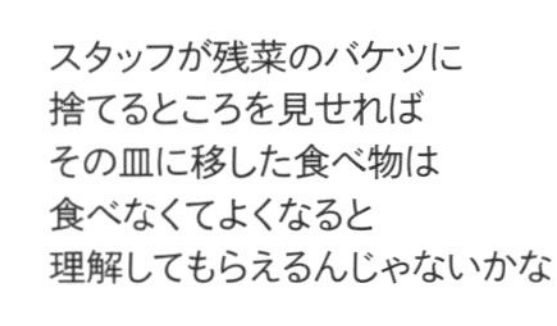

スタッフが残菜のバケツに
捨てるところを見せれば
その皿に移した食べ物は
食べなくてよくなると
理解してもらえるんじゃないかな

別の皿に移す前に
床に捨ててしまったら
どうしましょう？
叱ったほうがいいのかな？

叱る必要はないよ
捨ててしまっても
拾ってその皿に
移してもらうよう伝えよう

そうですね。やり直してもらうことで
身についていけば
毎日嫌いなものが出て
練習できるから
身につきやすいかもしれないね

では、苦手な食べ物は
自分で取り除いて、決まった
別皿に移してもらうことを
目標に取り組んでみよう

導かれた 行動支援計画

- 苦手な食べ物を自分で別皿に移して残すようにする
- 床に捨ててしまったら、拾って別皿に移してもらう

行動支援計画を導く話し合いのコツ

本人自身で処理できる方法を考える

スタッフが本人の苦手なものを取り除き続けるのは人的コストがかかりますし、そもそも全て把握することは困難です。スタッフの手を借りず自分で解決するとしたら、その人にはどのような方法が現実的かを、みんなで考えてみましょう。最小限の支援で解決できるようになれば、より自立的な生活に近づき、他の生活場面にも応用できるかもしれません。

特別な準備や備品を必要としない方法を考える

支援を考える時には、人的コストと物的コストの両方を考慮する必要があります。費用のかかるもの、消耗するもの、入手困難なものは長期の支援の資源として適していません。同様に、準備に時間がかかりすぎたり、特定のスタッフでしかできない支援も長続きしません。話し合いでも、そうした費用対効果の考え方は大切にしましょう。

発生し得るエラーとその対処も考えておく

今までの習慣（床に捨ててしまう）が残り、初めは支援者の望むような行動とは異なる「エラー行動」をする可能性は十分にあります。すぐに「この方法はダメだ」と見切りをつけるのではなく、どんなエラーが発生するかもあらかじめ予想しておきましょう。

エラーを修正するには、スタッフが一対一で伝える必要があり、一時的に人的コストがかかります。適切な行動を身につけるまでに必要な短期的コストと想定してください。どんなエラーが発生し、どう対処するのかも、チームであらかじめ話しておくとよいでしょう。

Case8

食事以外の短い待ち時間を待てるようにしたい

人とかかわって暮らす日常生活では、数秒～数十秒程度のわずかな、
でも予期できない待ち時間が生じるものです。
そのわずかな待ち時間を待つのが苦手な人も少なくありません。どう伝えればよいでしょうか。

本人の特性をとらえるポイント

- 「誰かを、または何かを、適切なタイミングまで待つ」ことは、障害特性上、理解しづらいのではないでしょうか?
- 待つことができないほど強く執着してしまうこと・ものは何でしょうか?
- 施設の生活では、待つ時間やタイミングは、毎日同じでしょうか?

話し合いのコツ

- 本人が待てずに怒り出した時、スタッフはどのような対応をしていたのか、振り返ってみましょう
- 本人が結果的に待てていることを、スタッフはどう評価しているか、それを本人に伝えているか、話し合ってみましょう
- 他にも、本人がわずかな時間を待てない場面があるか、情報を出し合いましょう

支援によりできたことをさらに高めるには

10カウントやタイマーを活用
食事前以外のわずかな待ち

本人の特性（好き・嫌い・得意・強み）

- 状況の理解が難しい（なぜ待たなくてはならないのか理解できない）
- ものに対する強い興味（食べ物やルーティーンへの執着が激しい）
- 変化への対応が困難（集団生活で不定期に生じるわずかな待ち時間が許せない）

行動

1

そもそもみんなそろって「いただきます」するのはつらい人が多そう
絶対に待たなければいけないわけじゃないんだけどね

2

どうしても待てない場合は食堂への入室をずらすこともOKだからね
でも、入室を待つ理由は理解できないかもです
食堂

3

ごく短い待ち時間とはいえ毎日決まった時間じゃないですから
昨日 12:03
今日 12:05

4

食べ物への執着が強いのによく待ってくれているよね

■ 以前の課題 ■

食事の「いただきます」を待てずに怒ってしまう

■ 以前の行動支援計画 ■

・スタッフが10カウントして0になったら、
またはタイマーが鳴ったら食べられるルールにする

て、
間も待てるようにしたい

環境・状況（人・物・場所・時間・感覚環境）

・昼食前は毎日、他の人の準備ができるのを少しだけ待たなくてはならない
・スタッフが10数えている間に怒り出したら、なだめられている
・本人は食事をしたいので、怒っても退室することはない

計画

環境・状況をとらえるポイント

・食事の時、他の人を待つ時間は必ず発生するのでしょうか？
・怒り出したら、周囲からどのように対応されているのでしょうか？
・怒ってしまったとしても、結果的に待てているのでしょうか？　それはなぜでしょうか？

1

怒り出したらどうしているの?
「あと4だけ待とう」とか「いただきますしたらね」と言ってますね
5・4・3・・・

2

数えている間に怒り出すのに私たちも慣れちゃってるかも
5・4・3・・・

3

今のところ、怒り出すことには対策をとっていないんだよね?

4

そうですね。本人のがんばりに期待しているところです

話し合いのコツ

・なだめられながら、結果的に「いただきます」を待てている場合、それ以上の対策は必要ないのか、振り返りましょう
・本人は、「いただきますまでの短い時間を待てば食べられる」ということを理解しているのか、話し合いましょう
・10数えている間の本人の様子を報告し合いましょう

じゃあ、これからどうする？ ～行動支援計画を立てよう～

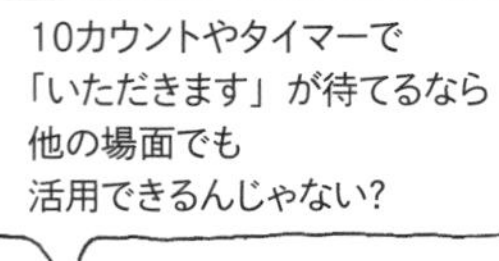
10カウントやタイマーで
「いただきます」が待てるなら
他の場面でも
活用できるんじゃない？

10，9，8，

確かに、わずかな待ち時間って
いたるところにありますからね

食後の歯みがきも
長い時間できなくて苦労してます
それ、10カウントする間は
磨こうって、使えるかもね
10・9・8・・・・

手洗いの場面でも
同じように使えるかも
10・9・8・・・・

朝施設に来て
朝礼までの待ち時間もありますよね
そこは10カウントよりは
タイマーだね

そう考えると
10カウントやタイマーは
日常的に使っていいんじゃない？

もし、そういうわずかな時間を
待てたら、怒る場面が減るかも！

これから
10カウントとタイマーを
もっといろんな場面で使っていこうよ
10・9・8・・・・

スマートフォンに
タイマー機能があるので
どこでも使えますしね

ただし、障害特性として
基本的に待つことは苦手なんだから
限界を見極めないとね
Max

あまりに長く待つような場合は
そこまでの移動時間を調整することも
同時にやっていこう
食堂

わかりました！

導かれた 行動支援計画

・数秒～数十秒間待つ場合は10カウントを、数分間待つ場合はタイマーを活用する

・待つのが長くなりすぎる場合は、入室を遅らせるなどの配慮をする

行動支援計画を導く話し合いのコツ

見通せないことが不安なら、見通しをもたせる支援を

集団生活では、必ず全員が同じ動きをするわけではないので、どこかで必ず待ち時間が発生し、それを全てなくすことは不可能です。本人が待ち時間を苦手とすることの背景には、「いつまでがまんすればいいのか、見通しがもてない」ことがあります。逆をいえば、見通しをもたせることができれば、待てる可能性が出てくるでしょう。その方法の一つとして、安価で持ち運びやすいタイマーが広く使われています。タイマーを一度理解できれば、日常生活のさまざまな場面で応用することができます。他の場面でも、時間的に見通せないことによる不安や怒りが出る場面があれば、応用できるか話し合ってみましょう。

がんばれる限界は人それぞれ——限界の個別性を尊重する

「待つこと」を知るのは、日常生活で大きなメリットです。しかし、人によってその限界にも差があります。必ずしも「長時間待てること」が最終目標ではありません。限界は人それぞれ違うことを、スタッフ自身が理解しておくことが必要です。
その上で、がまんして待てる時間の限界が短い人には、待つ時間自体が短くなるような配慮をしましょう。その場合、他者と待ち時間の差が発生しますが、なぜこのような配慮を受けているのか、スタッフも含めて周囲に、「がまんができない人」とみなされないような説明が必要です。本人は、自分が待てる最大限の時間をがまんしてがんばっているのです。

スマートフォンの活用

スマートフォンには、タイマー機能の他にも、音楽や画像、映像、動画など、ちょっとした時間に楽しめるさまざまなアプリが入っています。数分の待ち時間なら十分気を紛らわせることができるでしょう。待てる時間の限界が短い人への配慮の一つとして、使用できそうか検討してみましょう。

Case9

オーディオ機器の操作を自分でできるようにしたい

余暇の過ごし方は人それぞれの形がありますが、できれば支援者の手を借りずに、自分で準備して楽しめることが理想です。
1人で自由に余暇を楽しめるようにするためのスキルを身につけていきましょう。

本人の特性をとらえるポイント

- 操作方法を伝えるために、どんなやり方をしていますか?
- 音楽を聴きたい時、助けを求めたい時に、本人は適切な方法で行動を起こせているでしょうか?
- 好きな音楽の中でも、特に興味・関心の深いジャンルはあるでしょうか?　それはなぜでしょうか?

話し合いのコツ

- 本人が1人でできそうなオーディオ機器の操作はどんなことか、みんなで検証してみましょう
- やりたいことが自分で解決できないからとあきらめてしまい、活動や余暇の幅が小さくなっていないか、アセスメントしてみましょう
- 大好きな歌を聴けなかった時、本人はどんな気持ちか、想像してみましょう

支援によりできたことをさらに高めるには

好きな音楽を1人でも聴ける
オーディオ機器の操作を自分

本人の特性（好き・嫌い・得意・強み）

- 理解が難しい（言葉で操作説明を聞いても、うまく理解できない）
- 発信が難しい（手伝ってほしくても、適切に助けを求めることができない）
- ものに対する強い興味（特定の曲やフレーズなどに好きな音域がある）

行重

- オーディオ機器の「再生」「停止」ボタンにシールを貼り、自分で「聴く」

行動支援計画を導く話し合いのコツ

余暇を開拓する姿勢で

余暇は人生の中でもとても重要な要素です。ぜひ本人に合った余暇を開拓してもらいたいものです。特に、音楽を聴くというのは、ローコストで、単独で楽しめるよいメニューといえます。

1人で準備できることも自由の一つ

常時支援を受けている人にとって、支援者がか

■ 以前の課題 ■
余暇時間に楽しめることを探す

■ 以前の行動支援計画 ■
・音楽が好きなので、余暇の時間にオーディオ機器で音楽を聴いて過ごしてもらう
・音楽を聴きたい時、スタッフを呼んでもらう

ように、
でできるようにしたい

環境・状況（人・物・場所・時間・感覚環境）
・施設活動の中で、休憩時間は音楽を聴いてもよい時間とされている
・休憩時間にスタッフが機械で音楽を流してくれている
・本人専用のオーディオ機器や好きな曲（CD）はたくさんある

計画
「止める」をできるようにしてもらう

かわらない時間帯は、緊張がほぐれる大切な時間です。スタッフの手を借りずに準備・操作して過ごせるようにすることも大切な支援です。

視覚的構造化を活用する

本人のスキルではできないと思われていたことも、視覚的に伝える工夫（視覚的構造化☞p28）でできるようになることがあります。必要な部分を目立たせ、不必要な部分を目立たせない工夫が大切です。

環境・状況をとらえるポイント

・本人が好きなことをしてもよい時間は、どのように設定されていますか？ それを本人はどのように認識していますか？

・もしスタッフがいなければ、本人は楽しく余暇が過ごせないのでしょうか？

・スタッフが選んだものではなく、本人が自分で聞きたい曲を聴けていますか？

話し合いのコツ

・休憩時間に音楽を聴いて過ごすことが、単なるルーティーンではなく、本当に好きで心地よく楽しく過ごせているか、スタッフの都合を押しつけていないか、振り返りましょう

・本人が好きな時に使える、本人用のオーディオ機器や好きな曲の音源は用意されているか、確認しましょう

Case10

場面に合わせて発信できるようになりたい

コミュニケーションが苦手だったり、人とかかわることを好まなかったりする人でも、ずっと人とかかわらずに生活していくことは不可能です。
1つずつでも、発信できることを増やしていきたいものです。

本人の特性をとらえるポイント

- 状況に応じた判断が自分でできそうですか?
- 他者の期待する受け答えに、自分で気づくことができそうですか?
- 他者からのはたらきかけに対して、適切にリアクションできたことがありますか?

話し合いのコツ

- 臨機応変の発言が難しい場合、ある程度の定型的な言葉（「ありがとう」「おはよう」など）をどれくらい使うことができるか、話し合ってみましょう
- 本人が困って助けを求めたい時、何かがほしい時はどのような行動をしているか、振り返りましょう

支援によりできたことをさらに高めるには

してほしいことがある時、自分でその要求を発信でき

本人の特性（好き・嫌い・得意・強み）

- 状況の理解が難しい（場面に応じた受け答えができない）
- 相手の気持ちを想像できない（相手が期待する言葉を発することが難しい）
- やりとりが難しい（他者から何か言われても、言葉で返すことが苦手）

行動

- 何か頼みたい・助けてほしい時、「お願いします」と発信することを伝える

行動支援計画を導く話し合いのコツ

他者とのコミュニケーションを重要視する

人は他の人からさまざまな支援を受け助けてもらう必要があります。人とのかかわりは障害があればより重要です。ミーティングでも、他者とのかかわりは今後必要なスキルであると理解して話し合い、まずは場面を絞って、簡単な内容から1つずつやりとりのしかたを伝えていきましょう。

■ 以前の課題 ■

人とかかわっても一言も発しない

■ 以前の行動支援計画 ■

・ものを取ってもらったり、渡されたりした時に「ありがとう」と言えるように、「何と言うんだっけ?」など言語指示プロンプト（☞p29）をする

ようにしたい

環境・状況（人・物・場所・時間・感覚環境）

・他者とやりとりをした経験がほとんどない
・本人が望まないため、他者とのやりとりを求められる機会もない
・本人の困ること、必要と思われることは、スタッフが先回りして把握し、困る前に支援を受けている

計画

・「お願いします」と言えたら即座に対応する

本人の機会を奪う支援にならない配慮を

他者とのかかわりを避ける人に対しては、スタッフが気を利かせて困る前に解決してしまうことが少なくありません。安定することを優先するあまり、先回りして解決しすぎていないでしょうか。チームで今までの支援を振り返り、支援が他者とかかわる機会を奪っていないか、よく話し合いましょう。

環境・状況をとらえるポイント

・これまでの生活歴で、他者とどのくらいコミュニケーションをとってきたのでしょうか?
・本人が困ることは必ずあるはずですが、今までなぜ、他者とあまりやりとりしなくてもすんでいたのでしょうか?

話し合いのコツ

・人とかかわらなくてもよいように先回りする支援は、本人の発信する機会や他者とコミュニケーションをする機会を奪うことにならないか、振り返りましょう
・今までスタッフがフォローしてきた、本人が困ること・必要と思われることには何があるか、確認してみましょう

Case11

模倣スキルを応用してより複雑な動きを覚えたい

身体を複雑に使う活動では、上手な模倣がやり方を覚えるポイントです。
しかし、手本通りに自分の身体を動かすのが苦手な人も少なくありません。
日常生活で模倣スキルを得ていた場合、より複雑な行動に応用していきましょう。

本人の特性をとらえるポイント

- 身体の動きを覚えられないのは、やる気がなく覚えようとしないからでしょうか？　それとも自閉症の特性によるものでしょうか？
- 本人が困って助けを求めたい場合、その手段には何があるでしょうか？
- 自分の身体の動きをイメージすることができそうでしょうか？

話し合いのコツ

- 本人に動き方を教える時、スタッフはどんな方法を用いているか、振り返りましょう
- スタッフ同士で、言葉で身体の動きを伝えることがどのくらい難しいか、試してみましょう
- 歯みがきなどを模倣で体得した時、どんな動きから始めたか、振り返りましょう

支援によりできたことをさらに高めるには

スタッフの身体の動きを模倣
体操の活動をより充実させ

本人の特性（好き・嫌い・得意・強み）

- 理解が難しい（言葉による説明では身体の動かし方を理解できない）
- 発信が難しい（わからないことを質問する方法をもっていない）
- 感覚の鈍麻（自分の身体がどのような動きをしているか、把握することが苦手）

行動

- 自分は身体をどう動かしているか、視覚的にわかりやすい工夫をする

行動支援計画を導く話し合いのコツ

模倣の大切さ

新たなスキルを身につける時、多くの場合まずは模倣から始まります。模倣がうまくできれば、適切な行動や動き方をどんどん身につけることができますが、それがうまくできない人の場合、工夫が必要です。一方で、注意が散漫になりやすい人の場合は、教え方というよりも、模倣しやすい環境作りが大切になってきます。

■ 以前の課題 ■
歯みがきや洗身の動きがぎこちない

■ 以前の行動支援計画 ■
・身体誘導プロンプトからモデリングプロンプト（☞p29）に切り替える
・初めは、正面にいるスタッフの手の動きをまねてもらう

できることを応用していきたい

環境・状況（人・物・場所・時間・感覚環境）

・体操の時間は、毎週設定されている
・進行役のスタッフの動きをまねして体操することが求められている
・上手に動きをまねできない時は、身体誘導プロンプトによる介入が行われている

計画

例）大きな鏡を用意する、進行役が本人の見やすい位置で手本を見せる、他者と輪になって向き合う

進行スタッフに注目できているか

体操の時間で、多数が1人の進行役を見ている状況だと注目が散逸しやすくなります。模倣してもらいたい場合、より視覚的な手がかりを伝える環境を作りましょう。全員が輪になって向き合って活動すると、互いに模倣し合うことができます。また、鏡に集中できる人なら自分の姿を映して動きを確認してもらうこともできるでしょう。

環境・状況をとらえるポイント

・身体の動きを覚えたいのは、目標・目的がある活動でしょうか？　それとも楽しみのためのイベントでしょうか？
・体操の活動は、誰が、どのように進行していますか？
・本人が体操の進行役を模倣できない場合、どのように介入されていますか？

話し合いのコツ

・本人にとって、体操の動きを正しく覚えることにはどんなメリットがあるのか話し合ってみましょう
・体操の時間の進行役は、毎回本人が見やすい位置にいるか、模倣しやすい位置取りはどこか、確認してみましょう
・本人が自分の身体をより把握しやすくするために、プロンプト以外の手がかり（視覚的・聴覚的手がかりなど）はありそうか、考えましょう

Case12

不快な音の刺激に適切に対応したい

聴覚過敏がある人は、ちょっとした声や音で不機嫌になり、
思わぬ反応をしてしまう場合があります。しかし、施設などの集団の場には、
音の刺激があふれています。その環境下でできることとは何でしょうか?

本人の特性をとらえるポイント

- 本人はどんな音に、どう反応していますか?
- 静かな活動場面やにぎやかな活動場面があることを、本人は理解できていますか?
- 飛びかかった後、相手の様子を気にするようなそぶりはありますか?

課題となっている行動

苦手な人の声が聞こえると

本人の特性(好き・嫌い・得意・強み)

- 感覚の過敏(聴覚過敏で、音声をキャッチしやすい)
- 嫌いな音と好きな音がはっきりしている
- 状況の理解が難しい(大きな声を「怒っている声」と勘違いしてしまう)
- 嫌なことがあると飛びかかってしまう

行動

話し合いのコツ

- どんな時に不適応行動が出てしまうのか、引き起こされるタイミングを、それぞれのスタッフの観察から具体的に思い出してみましょう
- 本人の感覚が各スタッフの感覚とどのように違うか、話してみましょう
- 本人の嫌な音・好きな音について、各スタッフの観察から情報を集めてみましょう

1
Aさんは他の人が怒っている声が苦手ですね
怒っていなくて声が大きいだけでも嫌みたいね
2
状況はどうあれ、大きな声には飛びかかってしまうんだね
3
僕たちには不快でない音でも大きい音はダメなのかも
4
飛びかかった後、相手のことは気にしていないみたいです

フェイスシートより

Aさん・男性・30歳
・音楽を聴いて過ごすことができる
・集団は苦手。1人で過ごすのが好き
・元気。走ったり飛び跳ねたりすることがある

興奮して飛びかかってしまう

環境・状況（人・物・場所・時間・感覚環境）
・聴覚過敏とわかっているため、普段は静かな環境を用意されている
・休憩中などのにぎやかな場面で、周囲に大きな声を出している人がいると反応してしまう
・過去に、怒って大きな声を出した他者からひっかかれたことがある

計画

環境・状況をとらえるポイント

・聴覚過敏に対応するため、普段は環境面でどのような配慮を受けているでしょうか?
・大きな声を聞いて飛びかかってくるのはどのような日課の時が多いのでしょうか?
・大きな声が苦手になった原因はあるのでしょうか?

1

Aさんの聴覚過敏に
普段はどんなふうに配慮しているの?

2

活動中はなるべく少人数で
静かな入所者と
一緒にしています

じゃあ、Aさんが
飛びかかるのは
休憩中くらいかな?
そうですね
休憩中はにぎやか
になりがちなので

3

Aさんは昔
怒って大声を出す人に
ひっかかれたことが
あって
それ以来
大声に反応
するように
なってしまった
んだね

4

話し合いのコツ

・現在の配慮が適切かどうか、みんなで再度確認しましょう
・問題が起こる時の日時・場所・状況の情報を出し合い、特定のシーンで反応が起きていないか、分析してみましょう
・現在の状況を招くような過去がなかったか、調べてみましょう

じゃあ、これからどうする？ ～行動支援計画を立てよう～

Aさんには
今後も同じように聴覚過敏
への配慮をしたほうがいいね
今までと同じ
静かな奥の部屋を使ってもらいます
施設では
大きな音や声も出るし
完全には避けられないよね
飛びかかる前に
1人になれるスペースを
確保しておくといいかも
更衣室
日中は空いていますよね
たしかに始業時・終業時しか
使いませんね
更衣室
空調もあるし
個室になるから
いいかもね
興奮して
飛び跳ねている
時にも、適度な
広さですね
聴覚過敏なら
好きな音を聴くと
安心する面もあるのでは？
Aさんはどう？
好きな歌はあります
でもサビの部分ばかり
聴いていますね
休憩中にスマホで
聴いてもらうのも
サビの部分だけの
繰り返しです
スマホなら
離れたスピーカーに
無線で音を出すことも
できますよ！
それは便利！Aさんに
小さなスピーカーを渡して
それに歌を飛ばせばいいね
不安定な時だけ
歌を聴いてもらっても
いいんじゃないかな
本来は休憩時の楽しみですが
不安な時に聴けたら
本人は落ち着け
そうですね

導かれた 行動支援計画

- 興奮した時、1人になれるスペースを確保しておく
- 興奮した時、好きな音楽を聴いて、気分を変える

行動支援計画を導く話し合いのコツ

「予防アプローチ」と「介入アプローチ」

不適応行動への対応は、まずは不穏な状態になるのを避ける「予防アプローチ」が基本です。聴覚過敏という特性がわかっているのであれば、不穏な行動の原因となる音刺激を、あらかじめ日常的に避ける配慮をしましょう。それでも起きてしまう不適応行動には、「介入アプローチ」を用いることになります。その人に合わせて予防と介入の使い分けを意識し、どちらのアプローチをどのように使うべきか、みんなで考えましょう。

1人になれる空間の確保

不穏時の介入アプローチとして、場所を変えて1人の空間で過ごす手立てが有効なことも多くあります。特に他害は相手がいるからこそ起こるのですから、1人になればそのリスクを大幅に減少させることができます。
「施設にはそんな場所はない」と思いがちですが、時間帯によっては空いている部屋があるはずです。倉庫など、普段人が入らない場所でも、掃除をしておけば十分機能します。スタッフで話し合い、施設内の空間を有効活用できるようにしましょう。

気分転換できるツールの活用

感情のコントロールがうまくできない人は、自分の力だけで回復していくには時間がかかります。気分を変えられるアイテムや、外部からのきっかけを、落ち着くためのツールとして活用しましょう。できれば持ち運びができて、どこでも使えるものがベストです。特にこのケースのAさんのように、「過敏」「困る」と思われている感覚がプラスに作用する可能性があれば、試してみましょう。

Case13

スタッフに唾を吐くなどの不適応行動がある

いわゆるパニック等の自傷・他害行為以外にも、さまざまな不適応行動があります。なかでも「唾を吐く」という、やや他害に近い行為は比較的よくみられるもので、改善が必要といえるでしょう。

本人の特性をとらえるポイント

・唾をかけられた人の反応を、本人はどう解釈しているのでしょうか?

・本人の気持ちは、本当に行動通りなのでしょうか? 何か隠れた要求や希望がありそうですか?

・本人は、自分の気持ちや希望を発信する方法を、どれくらいもっているでしょうか?

話し合いのコツ

・スタッフ自身は、本人に唾をかけられてどう感じましたか。共有してみましょう

・行動後の様子から、本人は相手の気持ちをどう思っているか、話し合ってみましょう

・不適切なのは「気持ち」なのか、「コミュニケーション方法」なのか、話し合ってみましょう

課題となっている行動

スタッフに対して唾を吐いて

本人の特性（好き・嫌い・得意・強み）

・相手の気持ちを想像できない（唾を吐かれた相手の不快な気持ちを理解できない）

・発信が難しい（スタッフと話がしたくても適切な方法がわからない）

・やりとりが難しい（話題のレパートリーが少なく、会話も一方的）

行動

1

唾をかけられるのは
ダメージが強いよね……

2

でも、怒ったスタッフを見て
Yさんは笑っています
唾をかけられて
笑われたら
正直腹もたち
ますよ

なぜそうするんだろう
何かしたいことがあるのかな

3

さみしがりやで
スタッフとお話し
したい気持ちは
強いと思います
でも、語彙が
少ないから会話が
続かなくて……

4

フェイスシートより

Yさん・女性・25歳
- 人と話したりかかわったりするのが好き
- 活動中か休憩中かなどの状況を区別するのが難しい
- 薬の副作用で唾が出やすい

しまう

環境・状況（人・物・場所・時間・感覚環境）

- スタッフが本人の近くで介助をしている時や、スタッフと本人との間に会話がない時に起こりやすい
- 唾をかけると、スタッフは大きなリアクションをしている

計画

環境・状況をとらえるポイント

- 唾をかけるタイミングは、どのような活動や状態の時に多いでしょうか？
- 唾をかけられたスタッフは、どんな反応をしているでしょうか？
- 人によって違いはあるのでしょうか？
- 唾はいつでも出せるほど口の中に溜まっているのでしょうか？

1

私は食事介助をしている時に
よくかけられます
百発百中なんですよね

僕は作業を一緒にしている時
うっかりウェーって顔しちゃう

2

スタッフによってかける場面を
使い分けているのかな

会話に間が
空いた時に
かけてくる気も
します

びっくりして
大きな声が
出ちゃうんですよ

3

各スタッフの
リアクションが
嬉しいのかもしれないね

4

話し合いのコツ

- いつでも、どこでも唾をかけてしまうのか、時間や場面、相手によって違うのか、各スタッフの情報を集めて検討してみましょう
- 唾をかけることで本人は何を得ているか、考えてみましょう
- 唾は相手にかかっているか、それはなぜか、話し合ってみましょう

じゃあ、これからどうする？ ～行動支援計画を立てよう～

人に唾を吐くのは不適切だよ
改善の優先度は高いよね
スタッフや家族以外に
かけてしまったら大変ですよ

（本人の）顔と
（スタッフの）顔が近いと
かけられやすいかも
距離感に気をつけたほうが
いいですよ

唾を吐くのが上手になってる!!
顔は近づけないほうがいいね

かけられた人の
大きな反応が楽しみなら
かけられても
無反応がいいだろうね

あえてリアクションしないで
唾吐きを強化させないってこと？
「消去（☞p29）」を
使うわけですね

でも、スタッフとの会話は
悪いことじゃない
むしろ増やしたいよね

適切なコミュニケーションのほうが
楽しくなればいいのよね
そうそう。「消去」と
「分化強化（☞p29）」
を併用しようね

んー……例えば
どうすれば……？

パターン化した会話だけど
もっとていねいに
対応しましょうか

いつも同じ会話なので
聞き流してしまっていました
私も。特に介助中だと
気のない返事になっちゃいます

まずは会話での
コミュニケーションを盛り上げて
定着させよう

スタッフから
新しい話題を
振ってもよいですね
話題
A B C D

導かれた 行動支援計画

- 唾吐きには反応せず、やり過ごす（消去）
- 会話でのコミュニケーションは、同じ話題でも大きく反応し、積極的に受け応えする（分化強化）

行動支援計画を導く話し合いのコツ

「誤学習」の修正はチーム対応が必須

不適応行動は、些細なことから身についてしまうことがあります。たまたま人に唾がかかって大きなリアクションが得られ、「楽しいコミュニケーション」として認識してしまうなどです。このような現象を「誤学習」といいます。誤学習は、定着すると修正しにくくなるものです。定着してしまっていたら、スタッフが足並みをそろえて、計画的に修正していくことが必要です。どんなふうにすればよいか、ミーティングで対応を決定していきましょう。

「消去」はつらい対応……でも根気強く！

このケースの「消去」とは、「唾を吐かれても、スタッフは反応をしないこと」です。本人は「楽しいコミュニケーション」としてスタッフのリアクションを求めているので、スタッフがあえて何も反応しないことで、「唾を吐いても何も起こらない=楽しくない」と思ってもらいましょう。消去は本人にはつらいものですし、すぐには効果が出ませんが、スタッフ全員で根気よく続けましょう。行動が少しずつ減ってくれば、消去が機能しているといえます。

「分化強化」は強みを活かす視点で

もともと「他者とのかかわり」を求めて誤学習してしまったのだとしたら、不適応行動を消去するだけでは、代わりにどんなコミュニケーションをとればいいかわからず、別の不適応行動をとる可能性もあります。「いまできている適切なコミュニケーション=少し会話ができる」という強みを活かす視点で、今後の対応を決めてみましょう。話の内容やつじつまはいったん置いて、やりとりや雰囲気を楽しんでもらうよう、スタッフでイメージを共有してみましょう。

Case14

自傷行為により傷などが長期間治らない

触覚が鈍感、あるいは敏感だと、
自傷行為により傷を悪化させてしまう場合があります。傷がせっかくかさぶたになっても、
気になって取りたくなってしまうなど、完治まで長期化する場合は対策が必要です。

本人の特性をとらえるポイント

- 自分の健康にとって、傷が悪化することはどういう意味をもつのか、理解している様子がみられますか?
- 「傷」や「かさぶた」は、いつもと同じ状況が損なわれているから嫌(同一性の保持)なのでしょうか?
- 「痛み」に対してどのような感じ方をしているのでしょうか?

話し合いのコツ

- 本人が「痛み」を感じた時のエピソードを話し合ってみましょう
- 「痛い」以外にも、暑い・寒い・かゆいなどの感覚に対してどう感じているか、話してみましょう
- 身体の状態の他にも、「変化があると許せない」ことはあるかどうか、話してみましょう

課題となっている行動

手の甲にできた傷をいじって

本人の特性(好き・嫌い・得意・強み)

- 状況の理解が難しい(傷を悪化させることが身体に悪いことであると理解できない)
- 変化への対応が困難(何もなかった肌に、傷ができることが許せない)
- 感覚の鈍麻(痛みに鈍感で、痛みの感じ方が独特)

行動

1
傷が治りかけの頃に掻きむしってしまうんですよ
布団に血がついてしまいます……
2
特にかさぶたができると取ってしまいます
皮膚がいつもと違う状態なのが許せないんだね
3
痛みの感じ方も僕たちとは違うようだね
4
痛そうな顔をしている時もあれば笑ってる時もあるんですよね……

フェイスシートより

Bさん・男性・42歳
- 不安だと自分の頭をたたいたり壁に手を打ちつけたりしてしまう
- 体調不良や傷ついたりしても、助けを求めない
- 暑いのも寒いのも苦手

悪化させてしまう

環境・状況（人・物・場所・時間・感覚環境）
- 偶然手をぶつけて、傷ができてしまった
- 傷は手の甲にあり、目に入りやすく、もう一方の手で触れたり、噛んだりしやすい
- 汗をかき、身体がかゆくなりやすい季節だった

計画

1

自分から傷を作ることはあるの?
ないです たまたま手をぶつけたりこすったりした時だけですね

2

手の甲の傷ってわたしたちも目に入りやすいですよね
言われてみれば服で隠れる部分のかさぶたはいじらないかも

今は夏で肌が多く見えていることも影響しているかもね

3

湿度も影響している気がしています
肌がジメジメして私も傷がなくてもかゆいです

4

環境・状況をとらえるポイント

- 今回、傷ができたきっかけは何でしょうか?
- 傷はどの位置にあるでしょうか? それは見えやすい位置にあるでしょうか?
- 痛みの他にも、汗や不快な湿度など、身体がいつもと違う感じになると自傷行為が起きやすいでしょうか?

話し合いのコツ

- 今までに傷ができたきっかけを挙げ、多いものを検証してみましょう
- 傷の位置によって、回復期間に違いはあるかどうか、話してみましょう
- 感覚が刺激されやすい時間や季節、場所など、特に自傷しやすい条件があるかどうか、調べてみましょう

じゃあ、これからどうする？ ～行動支援計画を立てよう～

目に入るとダメなら
手の甲まで
隠れる長袖が
有効かもしれない

室内は冷房で涼しいので
長袖でも大丈夫だと思います
傷を治すことが優先だから
室内では長袖がいいかもね

痛みに鈍感なのも
対策が難しいですね
見ているこっちが
痛いですよ

触覚刺激が独特
ということは
痛み以外の刺激で
気がまぎれるかも
しれないね

そういう発想でいいよね！
例えば、頭をなでられ
るのが好きなので、
なでてあげるとか？

においにも敏感だから
好きなにおいを
嗅ぐのもいいかも
Bさんはミントの
香りが好きですね

傷を治すのが最優先なら
頭をなでられたり
香りを嗅いだりするのも
許容範囲内ね

傷薬は飲むタイプもあるから
主治医に相談してみようか

ご家族との通院に
私も付き添い
施設の対応方針も
伝えてきます

私は担当の
看護師さんに
連絡しておくね

この件は
医療連携が必要で
完治に時間もかかる
連絡を密にしていこう

はい！

導かれた 行動支援計画

- 傷が目に入りにくい服装を用意する
- 傷以外の感覚刺激（なでる・香りを嗅ぐなど）に誘導する
- 内科的治療について主治医に相談する

行動支援計画を導く話し合いのコツ

目に見えることに反応しやすい

視覚要素に反応しやすい人だと、傷が目に入るだけで違和感をもち、触ってしまうこともあります。顔の傷は視界に入らないので意外と治りやすく、手足の傷は治りにくい、という人も少なくありません。長袖の服や手袋などで視覚的な刺激を遮断すると、傷口を再度傷つけてしまうことを予防できるかもしれません。

感覚刺激には別の感覚刺激で

感覚の過敏や鈍麻のある人は、別の感覚刺激でも満足できる場合があります。このケースのように、なでる、香りを嗅ぐなど別の感覚刺激を提示してみて、今ある感覚へのこだわりと比較しながら、適切なほうを選ぶことを繰り返すと、徐々に問題が軽減されていくことが多くあります。ベストな解決策が見つからない時は、ベターなほうを選んでいくという考え方で取り組んでみましょう。

医療スタッフとともに安心・確実な治療に取り組む

ケガや病気の場合、医療スタッフと連携するのが基本です。まずは主治医に本人の特性や、自宅や施設の状況を伝えましょう。塗り薬を舐めたり拭いたりしてしまう人の場合、内服薬を処方してもらえることもあります。
塗り薬・内服薬ともに、その管理者（施設か家族か）、投薬のタイミングなどをしっかり話し合い、飲み忘れなどがないように気をつけましょう。施設所属の看護師がいる場合は、服薬状況を確認してもらうこともできます。

Case15

嫌なことがあると自傷をしてしまう

苦手なこと、嫌なことは誰にでもありますが、それがあった時どのような行動をするかで、社会生活は大きく左右されます。自傷ではなく、より適切な対応をとることができれば、より安心した生活を送ることができます。

本人の特性をとらえるポイント

- 「子どもの声」以外の嫌なこと・困ったことがあった時はどんな行動に出ていますか?
- 「頭をたたく」という自傷行為はいつから始まっていますか?
- 「頭をたたく」頻度や長さ(時間)はどの程度ですか?
- 特に嫌なことがなくても感覚を刺激する行動はみられますか?

話し合いのコツ

- そもそも、本人が「嫌だと思うこと」「困っていること」は何か、みんなで話し合いましょう
- 自傷行為があった時の記録を遡って、きっかけや頻度を調べてみましょう
- どんな感覚が嫌で、どんな感覚が好きなのか、観察した情報を出し合ってみましょう

課題となっている行動

子どもの声を聞くと、自分の

本人の特性(好き・嫌い・得意・強み)

- 発信が難しい(嫌なことがあっても、支援者に助けを求めることができない)
- 常同的・反復的行動(嫌なことがあった時には、毎回自分の頭をたたいてしまう)
- 感覚の過敏(嫌な聴覚刺激に対して、痛みの刺激を入れることで紛らわせようとする)

行動

- イヤーマフの使い方を学び、必要な時に使用できるようになってもらう

行動支援計画を導く話し合いのコツ

刺激を回避するアイテムの活用

防音効果のあるイヤーマフは聴覚過敏の人によく用いられるアイテムです。耳を塞ぐことで安心感が得られます。自分で着脱することができると、本人はより快適に過ごせるでしょう。

uvex

写真提供(協力):uvex safety

フェイスシートより

Aさん・男性・31歳
・いつもは個室や少人数の部屋で活動。静かであればとても集中できる
・自分からは他者とコミュニケーションをとろうとしない
・苦手な作業や活動があると、自分の頭をたたき、大きな声を出す

頭をたたいてしまう

環境・状況（人・物・場所・時間・感覚環境）
・自宅に姉の子（乳児）がいて、日常的に嫌な泣き声を聞いている
・外出時に小さな子どもが目に入る
・自傷することで、最終的には落ち着いていく

計画
・頭をたたく自傷から、肩を軽くたたくタッピングに代えてもらう

自傷に代わる刺激を覚える

嫌なことを回避するためとはいえ、自分の頭をたたくことは不適当です。同じ触覚刺激でもより適した代替行動を提案してみましょう。
例えば、「タッピング」（同じリズムで肩をたたく）がよく用いられます。穏やかな刺激で落ち着ける経験を積み、日常化できれば、もっと穏やかに「嫌なこと」を回避することができるかもしれません。

環境・状況をとらえるポイント

・声だけではなく、何か嫌な思いを助長するような場面を見たり、そうした場所に行ったりしていませんか？
・自傷のきっかけとなる場（公園など、子どもが多くいる場所）に行く機会はどれくらいあるでしょうか？
・自傷した結果、本人はどうなっていますか？

話し合いのコツ

・そもそも、「子どもの声」がなぜ「嫌なこと」になってしまったのか、きっかけを話し合ってみましょう
・日常生活や活動中に、苦手な子どもの泣き声を聞いてしまう状況にさらされていないか、考えてみましょう
・「頭をたたく＝楽になる」と本人が思い込んでいないか、楽になるための他の方法はないか、話し合ってみましょう

Case16

身体の自然な変化を受け入れられず自傷行為をしてしまう

けがや病気ではない自分の身体の自然な変化を受け入れられず、
同一性保持のために痛みにこらえたり、
できていたことをしなくなったりするという現象が起こる場合があります。

本人の特性をとらえるポイント

- けがや病気でなく、思春期による身体の自然な変化であると理解できていますか?
- 長期的に効果がないのに、毛を抜くことを繰り返してしまうのはなぜでしょう?短期的に何かよいことがあるのでしょうか?
- 自分の身体の変化を受け入れ、納得することができそうでしょうか?

話し合いのコツ

- 本人にとって、その行為は「痛み刺激」を求めるためなのか、または「毛がない状態」を求めるスキンケアの一環なのか、話し合ってみましょう
- 本人の「身体の変化を受け入れづらい」という気持ちを尊重すべきか、考えてみましょう
- 今までの肌の状態を保つための、より適切な方法はないか、調べましょう

課題となっている行動

自分の足やわきの下などの

本人の特性（好き・嫌い・得意・強み）

- 状況の理解が難しい（大人になるにつれて体毛が濃くなることを理解できない）
- 常同的・反復的行動（効果が薄くても、同じ方法を繰り返してしまう）
- 変化への対応が困難（身体のさまざまな変化を許容できない）

行動

- 「抜く」のではなく、「剃る」など、身体に負担の少ない方法を教える

行動支援計画を導く話し合いのコツ

気持ちを尊重し代替案を伝える

スキンケアは問題のない生活行為であり、「ここに毛が生えているのは嫌だ」という気持ちに寄り添うことは大切です。無理やり抜くと肌が荒れ、傷になってしまうという「方法」が課題なのです。毛抜きなどで適切に抜く、剃る、脱毛するなど、より負担のない方法を調べ、一つずつやってみてもらいましょう。

フェイスシートより

Aさん・男性・29歳
・ものの位置や形にこだわりがあり、元に戻そうとする
・痛みを感じにくく、けがや病気を発見しづらい
・ルーティンで規則的な日課が好き

を抜いてしまう

環境・状況（人・物・場所・時間・感覚環境）

・もともと何も生えていなかった場所に毛が生えてきた
・手で抜きやすい位置の毛を抜いている
・自分の身体にあるのでいつでも抜ける
・ひまな時、するべき活動に集中できていない時に毛を抜きやすい

計画

・手持無沙汰な時間を作らず、集中できない活動を一時的に避ける

自傷行為のパターンを崩す

一度パターンになってしまった行為は、簡単に変えることができません。場所、時間帯など、本人なりの条件をもっている場合もあります。条件を見極め、一度パターンを崩すことを考えましょう。他に集中できることを探したり、あえて不規則な活動を取り入れたりして、課題となる行為に気が向かない状況を作れないか、話し合ってみましょう。

環境・状況をとらえるポイント

・毛が生えてきた時、どんな反応をしましたか？　抜く以外の行為もありましたか？

・どのような場所の毛を抜いてしまうのでしょうか？

・毛を抜きやすいのはどんな時でしょうか？

話し合いのコツ

・この自傷行為が始まったのはいつ頃からか、なぜそのタイミングなのか、振り返ってみましょう

・目に入りやすく、手の届く位置にある毛を抜くことが多いかどうか、話してみましょう

・行為が起こりやすい時間帯に、他のことに集中できないか、考えてみましょう

Case17

嫌なものを何でもトイレに流してしまう

「嫌なものを消し去りたい」と強く思うという特性も、よくみられるものです。一方で、トイレを使っている経験から、「トイレに流したものはなくなる」というような感覚をもち、嫌なものを何でもトイレに流してしまうことも。どうしたらよいでしょうか。

本人の特性をとらえるポイント

- トイレに流すのは、本人にとってどんなものなのでしょうか？
- 「トイレに流す」という行為について、本人はどう思っているのでしょうか？
- スタッフに制止されることがわかっていても、あえて繰り返しているのでしょうか？

話し合いのコツ

- なぜ本人はそれが嫌なのか、なぜ「トイレに流せばこの世から消える」と考えるのか、話し合ってみましょう
- 「トイレに流す」ことにこだわってしまい、手段が目的化していないか、検証してみましょう
- 「嫌なものを消し去りたい」と思う気持ちを叶える方法は他にないか、考えてみましょう

課題となっている行動

嫌いな作業の部品（嫌なもの

本人の特性（好き・嫌い・得意・強み）

- 状況の理解が難しい（トイレに流すことで、二度と現れなくなると考えてしまう）
- ものに対する強い興味（嫌なものは流して消し去りたいというこだわりがある）
- 常同的・反復的行動（何度制止されても同じ方法で達成しようとする）

行動

1

あの作業
すごく
嫌なのね……
部品を
消したいほど

2

消してやる
流せば二度と戻ってこないって理解してるんですかね
トイレは
「完璧な抹消マシン」
なんだよね

3

流さないでって止めても
振りきられるほどなんです

4

相当強いこだわりだね
実際に消えて
成功しているから
繰り返すんだろうね

フェイスシートより

Oさん・女性・25歳
・作業の技術は高く、細かい部品も器用に組み立てる
・でも作業は苦手。外出大好き
・スタッフの出勤者や動きなど、周囲をよく観察している

をトイレに流してしまう

環境・状況（人・物・場所・時間・感覚環境）
・手の中に納まり、スタッフに見つかりにくい小さな部品を流すことが多い
・過去に何度もトイレに流すことに成功している
・トイレに流したものが再び戻ってきたことはない

計画

環境・状況をとらえるポイント

・「嫌なもの」の中で、どんな形状や条件のものを流すのでしょうか?
・スタッフに見つかると止められることは、理解しているでしょうか?
・長期間続いている行動でしょうか?
・トイレに流したものが戻ってきた経験はあるのでしょうか?

1
手のひらに収まる小さなものは特に流されやすいですね
僕たちも発見しにくいですしね
2
ジャ～
何度も流していますが流れなかったことはないようですね
「完全抹消」に毎回成功しているんだね
3
流した後、部品が足りず作業できないと喜んでいるみたいです
4
そりゃトイレに流したくなる気持ちもわかりますね

話し合いのコツ

・流しやすいものやタイミングなどを、本人が把握しているかどうか話し合ってみましょう
・トイレで流すことに失敗した経験と、成功した経験と、どちらが多いか、情報を出し合いましょう
・流すことに成功した後の本人の様子を話し合ってみましょう

じゃあ、これからどうする？ ～行動支援計画を立てよう～

使用中止
トイレが壊れる
可能性もある
何とか改善したいね
まず、トイレに流せる
小さいものはまとめて
渡さないほうがいいですね

同じ嫌な作業の材料でも
流せないような大きなものを
渡したらどうなるかな

?
流そうとしても流れなかったら
あきらめると思います
その時が一つの
チャンスかも

そうしたら、底の深い箱に
入れてもらおう。入れれば
見えなくなって、二度と見せ
なければ、トイレに
流すのと同じだよね

確かに。でも
本人がそれを理解するのには
時間が必要そうですね
課題の行動を減らすには
必要なコストかもね
?

?
流
これもコストがかかるけど
トイレの水が簡単に
流れないようにするのも
いいかも

トイレに入れても消えないと
学習してもらうわけですね
レバーを工夫すれば
あまり流れないように
できますよ

この行為を本気で
変えたいなら
やる価値はある
手の込んだ計画なので
ご家族にも
要確認だけどね

私はそれでも取り組んだほうが
いいと思います
これからの人生
嫌なものを毎回トイレに
流すわけにいかないですからね

では、ご家族への説明は
僕も同席するよ
改善し始めたら元に戻そうね
それは助かります！

導かれた 行動支援計画

・流せそうな小さな部品は渡さない

・トイレのレバーを工夫し流れにくくする

・大きな部品を渡し、流したくなったら底の深い箱に入れてもらい、二度と見せない

行動支援計画を導く話し合いのコツ

将来のために必要なら、要コストでも改善計画を

トイレに流すと二度と見ることがないので安心する、嫌いなものをトイレに流したくなる、という人は、障害の程度にかかわらず少なくありません。何でも流す行動が定着してしまうと、トイレに行くたびに支援者は警戒しますが、それでも止めきれず、嫌いなものを流されてしまうので、完璧に制止するのは難しいものです。こうした行動への対応は施設全体で取り組む必要があり、大きな人的コストがかかります。長期的な視点で変えるべき行動かどうか話し合い、その必要があれば全員で取り組みましょう。

「完全に抹消した」印象を与える演出を考える

まずは、現時点でトイレに流す行動を減らす方法は何か、話し合ってみましょう。その上で、「消す」ことの代替行動を本人に提示します。このケースのようにこだわりが強い場合、目に見えてしまうような中途半端な隠し方では、満足してもらえないでしょう。一度入れたら本人から見えず手も届かない箱に入れ、その後二度と出さないなど、「確実に消える」印象を演出する方法を考え、試してみましょう。
嫌いなものをトイレに流す行動が消えたら、作業の分量や頻度を本人が受け入れてくれる範囲に再設定し、作業活動に向き合えるように支援します。

家族への説明に責任者も同席し、協働する

こうした「消去」を伴う計画は、スタッフだけでなく、本人に精神的な負担をかける可能性があるため、家族の同意も得ておきたいものです。その際には、責任者である施設長も同席し、施設全体で取り組むことを説明しつつ、できれば家族にも協力してもらいましょう。

Case18

他者の頭のにおいを嗅いでしまう

Iさんは、会う人みんなの頭のにおいを嗅いでしまうクセがあります。
他にも、障害のある人にはすぐに人に触れてしまう、目のすぐ前まで急に近寄る、見続けるなど、人との距離感の不適応行動はよくみられます。

本人の特性をとらえるポイント

- 相手にどんな反応をされても、関係なくにおいを嗅ごうとしているでしょうか?
- 人のにおい以外にも、においに反応する場面はみられますか?
- 制止されても止められないほど、においに対する強い意思が感じられるでしょうか?

話し合いのコツ

- 嗅がれた相手の反応を見た後の様子はどうか、話し合ってみましょう
- 人に近づきたいのではなく、においを嗅ぐために近づいていると判断できるかどうか、意見を出し合ってみましょう
- においを嗅ごうとする時以外の人との距離感はどうか、話し合ってみましょう

課題となっている行動

見ず知らずの人でも誰でも、

本人の特性(好き・嫌い・得意・強み)

- 相手の気持ちを想像できない(嗅がれた人の不快な気持ちを理解できない)
- ものに対する強い興味(においを嗅ぐことに対する強い執着がある)
- 感覚の過敏(嗅覚の過敏さにより、人のわずかな匂いも嗅ぎたくなってしまう)

行動

1
Iさんは女性の頭も嗅ぎに行ってしまうんですよー
知らない相手だとヒヤッとしますよね
2
社会性の障害で……相手の気持ちの理解は難しいのかもね
?
3
においへの執着は強くてなかなか止められないですよ
4
!
スゴイ!
嗅覚過敏が強いからわずかなにおいも嗅ぎ分けて興味をそそられるんだろうね

フェイスシートより

Iさん・男性・35歳
- いつでも誰でも意識せず、かなりそばまで接近する
- 「良い」「悪い」を言葉で説明してもあまり理解できない
- 元気で足も速い。思い立ったらすぐに動くタイプ

頭のにおいを嗅いでしまう

環境・状況（人・物・場所・時間・感覚環境）
- 特に人の頭のにおいを嗅ぐことが多い
- においを嗅がれても抵抗しない（であろう）人が目に見える範囲にいる場合によく起こる
- 自由に動ける休憩時間に嗅ぐことが多い
- 「女性は嗅がない」と強く制止されている

計画

1
シャンプーを変えても
Iさんは僕の頭のにおいを
嗅ごうとします
頭皮のにおいを
嗅ぎたいのかな?
2
私たちは「嫌だ」と
言えますが
抵抗しない
利用者さんも……
3
自由に動ける
休憩中に
抵抗せず嗅ぎやすい
利用者さんに向かって
行きます
4
相手やスタッフに止められると
一応はやめられるのね

環境・状況をとらえるポイント

- 好んで嗅いでいる箇所はありますか?
- スタッフや他の利用者など、嗅ぎやすそうな人を選んで嗅いでいる様子はありますか?　それはどのような人ですか?
- その行為が特に多く出現する時間帯・状況はありますか?

話し合いのコツ

- 本人が嗅ぎたいにおいの好みがあるかどうか、検証してみましょう
- においを変えた時などの本人の様子を話し合ってみましょう
- 相手によって、本人がにおいを嗅ぐ頻度に違いがあるかどうか、検証してみましょう
- スタッフや家族に制止された場合、本人はどのように反応しているか、話し合ってみましょう

じゃあ、これからどうする？ ～行動支援計画を立てよう～

このままでは
社会に出てから大変だよ
やっぱり改善したいね

でも、いきなり全く
嗅がないようにするのは
難しいでしょうね

今も女性に対しては制止し
効果があります
範囲をより狭められるかも

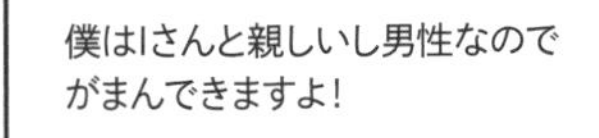
僕はIさんと親しいし男性なので
がまんできますよ!

ひとまず彼だけ
嗅いでいいことにして
他の人は全て制止しましょうか

同時に、代わりの行動（代替行動）も
設定していこう

彼も早く
解放してあげたいしね

においが好きなら
アロマや香水など
いろいろ嗅いで
もらってはどう?

一番興味がありそうな香りを
自由に嗅げるようにしましょうか

アロマや香水は
100円ショップでも売っていました
100円ショップ

はい!
では、別のにおいも
提案しつつ
他の人たちは
嗅がれないように
気をつけてね

見えると嗅ぎたくなっちゃうみたい
目に入らない位置まで
逃げるのもいいかな

他の利用者さんは
逃がしてあげないと
いけないですね

そうだね
それは私たちも
手伝って徹底しよう!

導かれた 行動支援計画

- 「嗅いでもいい人」を決め、徐々にその範囲を狭めていく
- 他ににおいのするものを提示し、本人の気に入った香りを随時嗅げるようにする

行動支援計画を導く話し合いのコツ

地域社会で暮らす視点で問題を考える

おそらくにおいへの興味は小さい頃からあったのでしょう。それ自体は悪いことではありませんが、興味に執着するあまり、人との距離感が不適切になってしまうと問題です。子どもならいきなり近寄ってきてもあまり警戒されませんが、身体が大きくなると「問題行動」として扱われ、地域社会では時に大きな問題になりかねません。成長してから急に制止されても、本人は理解しづらいものです。人との距離感の問題は、地域で暮らしていく時どうなるかという視点で話し合ってみましょう。必要ならできる限り早い段階から支援をしましょう。

行動をいきなりゼロにする計画を立てない

長い間やり続けてきて定着してしまった行動だとすれば、成長してから、突然「においは嗅ぎません」などと言われても、すぐには変えられないものです。いまある行動をいきなりゼロにするのではなく、長期的に取り組み、徐々に減らして、その結果ゼロにする、という発想をもちましょう。

本人の特性を活かした代替行動を次々と提示する

不適応行動を制止するだけでは、本人はつらいばかりです。「においを嗅ぎたい」という欲求も尊重すべき障害特性ですから、それを活かした代替行動が提示できないか、スタッフで対話してみましょう。

何が本人に合うかは、やってみないとわかりません。うまくいけばしめたもの、というくらいの気持ちで、支援のアイデアをどんどん出し、支援方法の候補をたくさん考えて、本人に次々と提示してみましょう。みんなでアイデアが出せれば、大きな前進です。

Case19

小さな破損を見つけるとより大きく壊してしまう

ちょっとした破れやほつれを見ると、全部破りたいという衝動に駆られてしまう人は少なくありません。損害も大きく、対処したい行動です。

本人の特性をとらえるポイント

- ものを壊した後の被害の大きさや後始末の大変さは、本人に伝わっていますか?
- 「壊せそう」「破れそう」と思うのはどんなものが多いのでしょうか?
- 壊したものについて、壊そうとするまではどのように使っていたのでしょうか?

話し合いのコツ

- 「壊したい」という欲求よりも強い欲求が他にあるか、話し合ってみましょう
- どのような変化が許容できないのか、考えてみましょう
- 本人は「破れるもの、壊せるものはないか?」という見方でものを見ていないかどうか、検討してみましょう

課題となっている行動

座布団、シーツ、壁紙などの破いたり壊したりしてしまう

本人の特性（好き・嫌い・得意・強み）

- 状況の理解が難しい（損害の大きさを理解することができない）
- ものに対する強い興味（壊せるものは壊したい、バラバラにできるものはばらしたい）
- 変化への対応が困難（少しの破損でも元の状態と変わることが許せない）

行動

1

Kさんが破壊したものは数知れず
壁紙は見た目にも被害甚大でしたよ

2

楽しみな
おやつの時間でも
壊していました
壊したい
こだわりは何よりも
優先するんだね

3

それまで普通に
使ってたのに、小さな穴が
できたとたん破る対象に
なるのが不思議

4

小さな変化が許せず
見つけた瞬間にとらえ方が
変わっちゃうんだね

フェイスシートより

Kさん・男性・28歳
- 視覚が鋭く、細かい違いをすぐに発見
- 普段からものを雑に扱いがち
- 自分の着ている服や持ち物も、小さな穴ができると破いてしまう

穴やほつれを見ると、

環境・状況（人・物・場所・時間・感覚環境）
- ほつれや破れのあるものが目に入った時
- 休憩中や1人で過ごしている時間帯
- 肌触りのよい生地に身体を密着させていることが多く、いつも使う座布団などはほつれが起きやすく、見えやすい

計画

環境・状況をとらえるポイント

- 破こうとするほつれや破れは、スタッフが通常発見できないものでしょうか?
- 誰かが見ている時と1人の時で、行動に違いがありますか?
- 普段、破れやすいようなものの使い方をしていますか？　なぜ破れやすくなるのでしょうか?

話し合いのコツ

- スタッフが本人よりも先に破れやほつれなどの原因に気づくことは難しいか、話し合ってみましょう
- 破ろうとするのはどのような日課の時が多いか、それはなぜか、本人はどんな気持ちでそうしてしまうのか、意見を出し合ってみましょう

1

ほつれや破れを見つけるのは早いですよー
私たちよりはるかに早く見つけますね

2

こだわりが強いと、ものの見え方も鋭くなるようだね

3

Free Time
自由時間に壊すことが多い気がします
他に集中するものがないからほつれや破れに注目するんだね

4

触りごこちのいい布を身体に密着させるのが楽しいので破れやすいんです

じゃあ、これからどうする？ ～行動支援計画を立てよう～

費用もかかるし……
何とかしたいね
ご家族に「また買ってください」
と言うのも心苦しいんです

まずできることは、ほつれる
直前に撤去することですかね
生地の傷み具合なら
私たちでもわかります

他のことに集中している時は
発生しにくいというのが
ヒントかもしれないね
集中

Kさんがほつれを
忘れるほど
興味をもてるものに
集中できればいいんですがね

大好きな自立課題（☞p28）
がありますよ！
それ、長い時間
取り組めるように
作り替えてみましょうか？

いいね！ 破りたい
バラバラにしたいっていう
要求を活かせないかな？
破いていいものなんて
この世にあります？

うーん。あっ！ あった！
シュレッダー！

あ！ いい視点！
シュレッダーなら
破ることが仕事になるね

シュレッダーは
スタッフが毎日使います
破るものは
たくさんありますよ

それを毎日の日課に
入れることはできる？
可能です！

明日からシュレッダーに
かけるのはKさんの仕事だね
喜んでやってくれると
思いますよ

導かれた 行動支援計画

- 集中してできる活動の時間を増やし、破るものを見つけることから気をそらす
- 「破りたい」という欲求を活かしたシュレッダーの仕事を担当してもらう

行動支援計画を導く話し合いのコツ

不適応行動のきっかけを減らす努力を

本人のほうが、不適応行動のきっかけを見つけるのが早いとはいえ、きっかけを減らす努力は続けるべきでしょう。その努力をあきらめてしまうことは、改善の可能性をなくすだけでなく、問題をさらに大きくしてしまうことになりかねません。きっかけの予兆をチームで共有しておいて、本人より先に手を打つなど、悪い習慣を作らせない、継続させない支援を続けましょう。

集中できる他の活動を増やし、時間を充実させる

何もすることがない暇な時間があると、自分の感覚刺激に頼った遊びに依存したり、こだわりにふけったりしてしまうような問題が発生しやすいものです。休息ももちろん大事ですが、バランスが大切です。本人の苦痛にならないような活動を提示して、充実した時間を増やすことを話し合ってみましょう。

チームで逆転の発想を試み、短所を長所に変える

現在は不適応行動になっていますが、「破りたい」「壊したい」は、本人がやりたいことであることに変わりません。支援者が一概に否定するのではなく、どうしたら歩み寄って共存できるかという考え方も大切です。身近なところに、その気持ちを活かして、長所や役割に変えられるヒントがあるかもしれません。自分1人では気づかなくても、チームで考えましょう。発見できる可能性はずっと高まります。チームでミーティングをして支援を考える大きな意義の一つといえるでしょう。

Case20

気に入らないことがあると ものに当たってしまう

気に入らないことや嫌なことがあると、ものをたたいたり蹴ったりする人もいます。
手加減がないことも多く、ものを壊してしまうこともあるでしょう。
気持ちを別の方法で伝えるなど、壊さないようにする方法はないでしょうか?

本人の特性をとらえるポイント

・ものを破壊したことに対して罪悪感を感じている様子はありますか?

・蹴ったりたたいたりする以外の方法で、何かを訴えてきたことはありますか?

・不機嫌になる原因として考えられる本人のこだわりにはどんなことがありますか?

話し合いのコツ

・本人が「嫌だ」と感じることは何か、それに共通点はあるか、思いつくことを出し合ってみましょう

・ものを破壊したあとの様子はどうか、話し合ってみましょう

・嫌なことがあるといつも同じように殴ったり蹴ったりしているか、みんなで思い出しながら検証してみましょう

課題となっている行動

気に入らないことがあると、

本人の特性（好き・嫌い・得意・強み）

・状況の理解が難しい（ものを破壊することの重大さを理解できない）
・発信が難しい（嫌なことを適切な方法で伝えることができない）
・変化への対応が困難（いつもと少しでも違うことがあると許せない）

行動

・絵・カードなど、適切な意思表示の方法を教える

行動支援計画を導く話し合いのコツ

「たたく」「蹴る」の原因を把握する

このケースの場合は、扉や壁を蹴る行為は、単に「暴れたい」ということではないようです。その元となる原因があり、明確な拒絶・不快の意思表示と考えられます。
支援者で情報を出し合い、原因を探り、不適応行動の発生を未然に防ぐことが必要です。

フェイスシートより

Aさん・男性・25歳
・元気で活発。体力もあり、よく動く
・ルーティーンが好き。反復的な活動ではすごい集中力
・他者とのやりとりでかんしゃくを起こしがち

扉や壁を蹴ってしまう

環境・状況（人・物・場所・時間・感覚環境）
・毎日する作業なのに、その日は行わなかった
・扉や壁は自分の目の前にあり、蹴りやすい
・扉や壁を蹴ることで自分の要求を通した経験がある

計画
・扉や壁を蹴った場合は要求に応えず、適切な意思表示を誘導する

適切な意思表示の方法を伝える

不快や拒絶の気持ちは理解できますが、「蹴る」という表現は不適切なので、その気持ちを表現する方法を伝える必要があります。新たな行動を身につける場合、その行動を出しやすくするためのプロンプト（☞p29）が有効です。その人に適したプロンプトは何か話し合い、適切な行動をより早く身につけてもらいましょう。

環境・状況をとらえるポイント

・本人にとって、いつもと違う状況がありましたか？　それは苦痛そうですか？

・本人は通常、扉や壁の近くにいることが多いですか？

・扉や壁を蹴ることで願いを叶えたり、嫌なことから逃れたりしたことはありますか？

話し合いのコツ

・いつも習慣的に行っていることが、突然変わったりできなくなったりしたときの本人の気持ちを想像してみましょう

・蹴る対象として何が多いか、どんな点が本人にとって「蹴りやすい」のか、振り返ってみましょう

・「蹴ること」がコミュニケーションの方法になっていないか、話し合ってみましょう

Case21

壁に貼られたりかけられたりしているものをとってしまう

施設などで、作品やお知らせなど壁に貼られているものをとってしまったり、破いてしまったり人も少なくありません。どう対応すればよいでしょうか?

本人の特性をとらえるポイント

- 施設内に掲示されているものの意味を理解できているでしょうか?
- 何度もとって貼り直されることを繰り返して、本人はいずれ納得しそうな様子がありますか?
- 「壁には何も無い状態が正しい」という固定観念がありそうですか?

話し合いのコツ

- 同じ作品や連絡でも、貼られていない場合どのように扱うか、試してみましょう
- 貼ってあるものの色や場所、壁紙の色や柄などによって、はがすタイミングや方法が違うか、振り返ってみましょう
- 例えば自宅では、何も貼られていない白い壁なのか、貼ってある場所はどんな工夫をしているのか、ご家族などから聞き取って、話し合ってみましょう

課題となっている行動

施設内の掲示物を全てはが

本人の特性（好き・嫌い・得意・強み）

- 状況の理解が難しい（施設内の展示を見て楽しむことができない）
- 常同的・反復的行動（貼られているものを何度でもとろうとする）
- 変化への対応が困難（本来何もないはずの壁に、貼られていることが許せない）

行動

- 壁に常に何か掲示し、頻繁に掲示物が変わる状態にしておく

行動支援計画を導く話し合いのコツ

「何もない=正しい」と思わせない

「何もないのが正しい壁である」という初期状態を想像させると、同一性の保持の特性がはたらき、はがすという行動が発生してしまいます。その初期状態を想像させない方法をみんなで考えてみましょう。例えば、多くの掲示物を一面に貼り、壁と認識しにくい状態にするのも一つの方法です。

フェイスシートより

Aさん・男性・44歳
・手先は器用。細かいものをつまんだり、動かしたりが得意
・大事なもの、そうでないものの判別は難しい
・自分のもの、人のものの区別も難しい

してしまう

環境・状況（人・物・場所・時間・感覚環境）
・何もない壁に掲示物だけが貼り出されていて、目立っている
・自分が破ると新たに貼り出されることはない
・テープや画鋲で貼ってあり、簡単にはがすことができる

計画
・壁に直接貼らず、ホワイトボードやコルクボード、台紙などの上に掲示する

掲示方法を変えるアイデアを

壁ではなく、ホワイトボードや黒板などをかけてから貼ることで、気にならなくなる場合もあります。形を変えることで許容できる可能性もあるので、試してみる価値があります。画鋲やテープを変えてみたり、掲示物にラミネート加工をするなど、工夫できることがないか、考えてみましょう。

環境・状況をとらえるポイント

・元は何もなく、「広いスペースがある」と感じさせる壁でしょうか？
・施設では、破られてしまうのでそれ以上貼らない、という対策を繰り返していますか？
・掲示物は、はがそうと思えば手が届き、はがせる状態で貼ってありますか？

話し合いのコツ

・掲示物は何でもはがしたいのか、それとも目につかなければ許容できるのか、話し合ってみましょう
・自分がはがせば壁がきれいになって意味がある、と思わせていないか、振り返ってみましょう
・簡単にはがせない場所や、はがしても破れない方法ならどうか、考えてみましょう

支援の「費用対効果」を考えよう

支援現場でのコストは、大きく、以下の3つに分類されます。

① 人的コスト（支援にかかわるスタッフの人数・労力など）
② 物的コスト（必要な物品、設備の準備、それらにかかる費用など）
③ 時間的コスト（どれくらいの時間を必要とするのかなど）

利用者さんが地域でより安定した暮らしを送るためには、できることを増やしたり不適応行動を改善したりすることが必要です。そのために、短期間で集中的に行う重点的支援の計画を立てることがあります。

そうした重点的な支援には、比較的大きなコストが発生します。例えば人的コストなら、マンツーマン支援やキーパーソンによる集中支援などを行う必要がある場合、その間、スタッフがその人にかかりきりになり、他のことができなくなるかもしれません。

そうしたコストをかけて実行した結果、本人の目標達成のため、暮らしをよくするためにどれくらいの効果が得られるのか、コストと支援の結果を天秤にかけ、それでも必要であれば、実施するという判断をすることになります。チーム全体に影響することなので、管理者を含めた全員で、支援の費用対効果を判断していきましょう。

管理者だけでなく、スタッフ一人ひとりも、限られた人材やもの、時間を効率的に活用し、最大限の効果を生むような「支援のマネジメント」の視点を意識して実践することが大切です。

第4章

ABC分析で行動支援計画を導く「シート活用ミーティング」

Case22

好きなカードをもらうことをはげみにいろいろなことをがんばりたい

みんなでする行動が苦手でも、大好きなものがあればがんばれる人がいます。ある意味「こだわり」ともいえる「好きなもの」でがんばることができるなら、他にもできることを増やしていけるのではないでしょうか。

A 先行事象 B 行動 C 結果をとらえるポイント

・嫌いだった掃除に取り組むきっかけとなったのは、カードと言葉、どちらでしょうか?

・掃除という行動をがんばった結果、Fさんはどんな結果を獲得していますか?

・がんばるとカードをもらえることを理解していますか?

話し合いのコツ

・どのようなカードなら本人の動機づけになりやすいのか、カードの質感や大きさ、キャラクター名など、好きなポイントを具体的に、アセスメントしてみましょう

・カードがある時とない時を比べてみると、本人のがんばりにどれくらい差があるのか、みんなで話し合ってみましょう

A 先行事象
・苦手な掃除の時間
・目の前に大好きなカードがある

B 行動
・掃除を一

機能分析(要求・逃避・注目・感覚)
要求 がんばった報酬として、キャラクターカードを欲しがる

行動

1

威力は絶大です!
見せただけで
掃除用具を
取りに行きますもん
カードだけで
そんなにがんばれるの!?

2

カードにも
種類があるよね?
何でもがんばる?
やっぱり好きな
カードのほうが
高まりますね!

3

お気に入りのカードなら
ゴミ捨てまでやってくれます!

4

すごいっ! どんなカードがお気に入り?
お気に入りキャラの
カードです!
わたしだいたい
把握してます!

■ 以前の課題 ■
最後まで掃除ができない

■ 以前の行動支援計画 ■
・掃除をやりきったら大好きなキャラクターのカードを渡すと約束し、がんばりを引き出す

命行う

C 結果

・大好きなカードをもらえる

好子・嫌子

好子：大好きなカード	カードが強力な好子として機能している

計画

機能分析 好子・嫌子をとらえるポイント

・掃除をがんばれるのは、その活動が好きだからでしょうか？

・キャラクターカードなら、何でもよいのでしょうか？

・どんなカードが好きなのでしょうか？

1

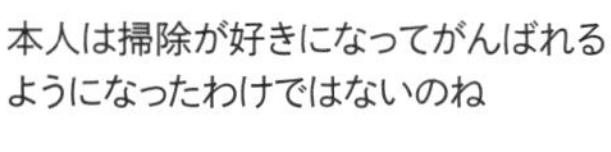

本人は掃除が好きになってがんばれるようになったわけではないのね

たくさんほめていますけど、言葉よりカードですね

2

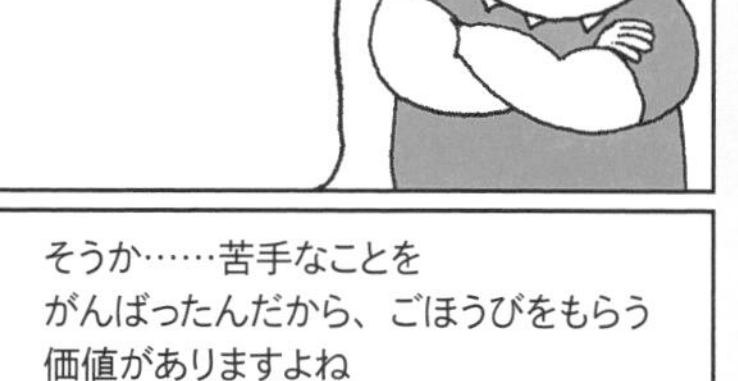

本当はカードを渡さなくてもがんばってほしい……

3

何でもごほうびがあるからがんばれるよ僕たちも一緒だよね
カードで気分が上がるならどんどん使っていいと思うな

4

そうか……苦手なことをがんばったんだから、ごほうびをもらう価値がありますよね

話し合いのコツ

・取り組んでほしい行動を強化（行動が増えること）する支援について、本人の立場で考えてみましょう

・本人はどんな好子を望んでいるのか、好みの共通項はないか、みんなでアセスメントしましょう

・他の場面でもキャラクターカードをほしがることがあったか、話し合ってみましょう

じゃあ、これからどうする? ～行動支援計画を立てよう～

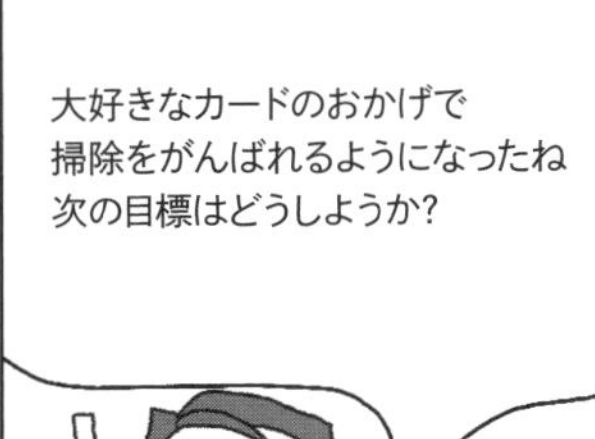
大好きなカードのおかげで
掃除をがんばれるようになったね
次の目標はどうしようか?

作業も苦手ですね
僕がはげましても
あまり変わりません
私は苦手な作業を
減らしてあげたいなと
思っていました

でも、やる気さえ出れば
作業の力量はあるのよ
減らすのは
もったいないかな

作業をがんばった時も
カードをあげたいです

カードを出しすぎて
飽きてしまわないのかな?
それはいずれ飽きるだろうね
カードも工夫しないと

じゃあ
好きなカードが
何種類もあると
いいわけですね!
うん・うん

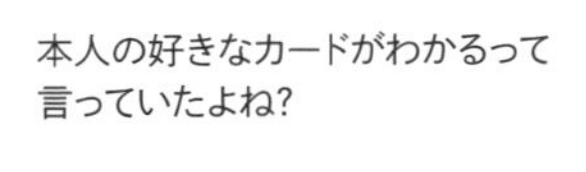
本人の好きなカードがわかるって
言っていたよね?

はい!　形や大きさより
キャラクターが大事みたいです

そのキャラクターのカード
パソコンで複数の種類作れる?
僕できます!
僕もこのキャラクター
好きなので楽しいかも

仕事を楽しんで
やることは大切だね
カード作成は頼むよ!

でも、本人が
気に入るかどうかは
わからないから
質より量でお願いね

カードが増えたら
「選ぶ楽しみ」も増えるかも
早速作業の時間に使おう!

ダイジョーブ?
モーチョイ

導かれた 行動支援計画

・大好きなカードの種類を増やして、選べるようにする

・作業の時間にも、がんばったらカードをもらえるルールにして、意欲を引き出す

行動支援計画を導く話し合いのコツ

減らす発想と増やす発想をバランスよく

スタッフの気持ちとして、「本人が嫌なことは減らしてあげたい」と思うのは自然なことです。しかし、嫌なことを何でも減らすという発想だと、できることが限られてしまいます。本人が嫌なことでも、能力としてできることであれば、嫌という気持ちをどのように克服して取り組む意欲を高めていくか、という視点も大切です。その視点で、本人がバランスよくチャレンジしていけるように、スタッフ同士で調整しながら話し合ってみましょう。

大好きなもの・出来事に飽きない工夫を

「大好きなものがある」ことは、その人のすばらしい強みです。それを好子として使ってうまくいった場合、ついさまざまな場面で使いすぎてしまいます。しかし、本人が飽きてしまうと、好子としての効果は下がってしまい、肝心な場面で強い動機づけを得ることができなくなるかもしれません。そうならないように、好子を使う場面を限定したり、バリエーションを増やしたりすることを考えていく必要があります。どちらがよいかは場合によるので、ミーティングで話し合ってみましょう。

スタッフも楽しめる「好子作り」を

スタッフだって楽しみながら仕事をすることは悪いことではありません。本人の喜ぶ顔を想像しながら仕事をすることで、スタッフ自身も同じように喜びを感じることができます。支援の仕事の醍醐味といえるでしょう。本人とスタッフの趣味が同じなら、「共通の話題」としてどんどん活用できますし、たとえ違う趣味でも、さまざまな興味・関心のバリエーションを知る機会となります。どんな好子を作るか、作った好子を気に入ってもらえるか、スタッフ自身が楽しみながら取り組んでみてください。

興味・関心の範囲を広げて余暇を充実させたい

「余暇の時間」は、自分なりの過ごし方を知らない人にとっては、
スタッフが思う以上に長く苦痛な時間となってしまいます。
興味・関心を見つけたらそれを広げ、楽しみを引き出す支援をしてみましょう。

A 先行事象 B 行動 C 結果をとらえるポイント

・図鑑がない場合、休憩時間はどう過ごしているのでしょうか?

・図鑑を見ることで、休憩中は楽しそうに過ごせているでしょうか?

・図鑑を見続けるだけでは、飽きてくる可能性はありませんか?

話し合いのコツ

・「この人の休憩時間には動物図鑑を出しておけばいい」というように、支援がワンパターンになっていないか、振り返ってみましょう

・本人がその余暇に飽きてきたり、図鑑が古くなって破れたりした時のことを想定しているか、話し合ってみましょう

A 先行事象
・休憩時間
・手に取れる動物図鑑がある

B 行動
・動物図鑑

機能分析（要求・逃避・注目・感覚）
要求　提示された図鑑に自ら手を伸ばし、楽しく過ごしている

行動

1
動物図鑑が大好きなので
休憩中は毎日見てもらっています
では「B 行動」は
「動物図鑑を眺める」だね

2
毎日楽しそうにしてるの?
いつもニコニコ見てますよ

3
図鑑を見ている時に
トラブルになったことはないですね

4
今は安定した
余暇活動だと
言えそうだね

■ 以前の課題 ■

休憩時間は動物図鑑を見たがる

■ 以前の行動支援計画 ■

本人の休憩時間のために好きな図鑑を取り置きしておく

める

C 結果

・図鑑を眺めて楽しい
・休憩時間をリラックスして過ごせる

好子・嫌子

好子：動物図鑑　自発的に楽しめている

十画

機能分析 好子・嫌子をとらえるポイント

・自ら手に取り、自発的な行動として図鑑を見ているのでしょうか？

・図鑑そのものが好き、掲載されている動物の一つが好きなど、本人が本当に好きな真の「好子」は何でしょうか？

・休憩時間以外でも、動物図鑑をほしがることはありますか？

1

図鑑は自分から手に取るの？
それとも渡されたから見ているだけ？
どうぶつ

2

自分で見たいから
開いているのだと思いますよ
たぶんそうだと思います

動物図鑑の何が魅力なのか
知りたいね。動物の種類だろうか？
ガオー

3

そういえばいつも
ゾウのページを見ていますね……
ゾウが好きなのかも

4

話し合いのコツ

・たまたま図鑑を渡されているから手に取るのか、中身を見たいから手に取るのか、観察して話し合いましょう

・図鑑そのものの紙のにおいや質感なども「好き」に影響しているかどうか話し合ってみましょう

・特定のページを集中的に見ていないか、観察してみましょう

じゃあ、これからどうする？ ～行動支援計画を立てよう～

動物図鑑を見て過ごすのは
いいとしても、レパートリーがほしいね
趣味としてもっと
広げられないだろうか？

本を見て楽しめるのなら
映像もいけますかね？
家ではテレビも見るようなので、
見そうですね

動物のDVDが施設にあるので
使ってみますか？
DVDは人気だから取り合いに
ならなければいいね
DVD

余暇のバリエーションとして
考えるなら、いつも見るんじゃなくて
空き時間にDVDを試しても
いいんじゃない？
DVD

塗り絵もできるかな？
動物の塗り絵なら
インターネットでたくさん探せそう
クレヨン
ぬりえ
ぬりえ

それ、ローコストだし
どこでもできそう！　いいね！

もしかしたら絵も
描けるかもしれません
うまい下手はともかく、本人が
楽しければいいんですよね？

そうだよ
自分が楽しむのが余暇
満足できていれば
作品の質は関係ないさ

DVD、塗り絵とバリエーションの
候補が出たね。他には？
切り絵もできるかも！

切った動物の絵を
ノートに貼って
自分だけの動物図鑑とか！

それは本人の
興味を惹きそうだね！
動物の絵が描いてある
チラシなどを集めてみます！
きりえ
どうぶつ
ずかん

順番に提案して……
楽しさがもっと
広がったらいいな！
うん
うん

導かれた 行動支援計画

・動物のDVD鑑賞・塗り絵・切り絵など、本人の興味・関心を確認しながら提示し、余暇のレパートリーを増やしていく

行動支援計画を導く話し合いのコツ

「楽しい時間」は現状に満足せず、より高みを！

余暇の時間に何かに熱中していたり楽しく過ごしたりしている姿を見ると、支援者も家族も嬉しくほっとしますし、その時間は周囲も安心できるものでしょう。しかし、いま楽しめているという状況が、いつまでも続くとは限りません。周囲がこの状況に甘え、「余暇は毎回これ」と漫然と考えると、本人の生活の楽しみは広がりません。興味・関心があまり広くない場合、初めはなかなか適したものがないように感じますが、本人の楽しみを引き出し余暇を開拓するという視点で、みんなで意見を出し合い、思いついた方法を試してみましょう。

レパートリーを増やす発想で

とはいえ、まったくなじみのない初めての事柄を余暇として提供されても、本人は戸惑ってしまうでしょう。わずかでも興味・関心があるとわかっていることがあれば、そこから広げて考えていくのがコツです。このケースのように、動物図鑑を見るという行為のうち、動物に興味があると推測されたら、それをキーワードに図鑑以外の楽しみ方を探してみるなど、本人の観察からわかる明確な「好子」をヒントに、ミーティングで発想をふくらませましょう。バリエーションが広がって、レパートリーが増えるかもしれません。

本人が安全に楽しめるスキルを確認しながら

楽しみのレパートリーを広げる時にも、本人のもつスキルを確認することが重要です。文字はストレスなく読めるのか、ペンで絵は描けそうか、機器に抵抗はないか、はさみやのりは安全に使えるかなどの情報をスタッフで出し合い、把握してから、適切な余暇を提案してみてください。

Case24

天候に左右されずに活動できるようにしたい

雨天時に傘がさせないと出かけられません。しかし、「傘がさせる」「合羽を着ていられる」ようになったら、天候に左右されずに活動できるという強みになり、もっと積極的に外出活動を楽しめる可能性が出てきます。

A 先行事象 B 行動 C 結果をとらえるポイント

- 通常の傘も、折りたたみ傘も、安全に開き、さしたまま歩くことができていますか?
- 折りたたみ傘を日常的に持ち歩くことが定着しているでしょうか?
- 「傘をさす」ことができると、活動の幅は広がりそうでしょうか?

話し合いのコツ

- 傘をさして歩けると、どんな活動ができるようになるか考えてみましょう
- 施設内の活動だけではなく、在宅時のヘルパーや家族との外出、通院、買い物など、社会生活全体が円滑になる可能性を確認しましょう
- 濡れた傘の取り扱いなどのマナーも再確認してみましょう

A 先行事象
- 雨が降り出す
- 外出活動中である

B 行動
- 傘をさし

機能分析(要求・逃避・注目・感覚)

逃避 傘のおかげで、雨や、雨のために活動できないことから逃れられる

行動

1

折りたたみ傘をさすことや
閉じることはできるようになったかな?

2

それはすっかり定着しました!
いつもリュックに入れて
持ち歩いています

じゃあ、急な雨でも心配がないね

3

どんどん活動の幅を
広げたいですよね

4

■ 以前の課題 ■

雨が降ると外出できなくて怒る・気持ちが落ち込む

■ 以前の行動支援計画 ■

・安全に傘を開く練習をする
・傘を持ちながら歩く練習をする

動する

C 結果

・雨に濡れずにすむ
・天候に左右されずに活動できる

好子・嫌子

嫌子：雨に濡れること	感覚過敏もあるため濡れるのが嫌い
嫌子：活動ができないこと	外での活動が楽しみ

計画

機能分析 好子・嫌子をとらえるポイント

・雨が降ると、本人が調子を崩してしまう本当の原因は何でしょうか？

・傘をさすことは、どんなことに対応するための方法なのでしょうか？

・外出活動が好き、継続したいという気持ちはあるのでしょうか？

1

雨天でも活動をしたいという「要求」ですかね？
活動するために傘をさすんですもんね

2

この場合は、「先行事象」の活動を邪魔する原因に対処しているようだね

3

つまり、雨が活動を阻害している原因で……そこから「逃避」するためですか？

4

うん。傘をさせれば雨で外出できず調子を崩すことから逃れられるよね

話し合いのコツ

・本人の調子が悪くなるのは、空が暗くなる、気圧が下がるなど雨が降ることそのものなのか、それとも活動が中止されるためなのかを、みんなで確認しましょう

・本人は、自分の活動を阻害している原因に対して、どのように対処しているのか考えてみましょう

じゃあ、これからどうする？ ～行動支援計画を立てよう～

今までは、活動半径が
少し狭かったのよね
傘がさせないと
雨が降る＝即外出中止
になるんですよ

傘をさして歩けるなら
途中で雨になっても
問題ないです

折りたたみ傘も
させるようになったので
バスで遠出もできますね！

雨の日のほうが
人出が少ないんですよね
むしろ活動しやすいんじゃないかな
その着眼点は
いいね！

うん！ 雨で周りに人が少ないほうが
本人も安定するし
声が出たり動きが多かったりする人の
場合、外で活動しやすいね

公園やお店は特に
人出が少なくなると思います

ということは、お店での
買い物もやりやすいね
買い物は、人が多いと
並ぶしぶつかるし、スタッフも
緊張する活動でした

そういう活動にも
積極的にチャレンジできる
機会になりそうだね
雨が降ったら
買い物の練習を
日課に入れましょうか

そうだね！
雨の日を上手に活用して
活動の幅を広げていこう
ハイッ

では、雨天時に利用しやすそうな
お店や施設をピックアップしてみます！
SHOP

ご家族やヘルパー事業所にも
傘をさして歩けるように
なったことを伝えよう

そうですね！
施設以外でも活動の
幅が広がってほしいな

導かれた 行動支援計画

・雨の日こそチャレンジしやすい日課を決めて取り組む
・家族やヘルパー事業所などと連携して、さまざまな場面で活動できる幅を広げる

行動支援計画を導く話し合いのコツ

新たなスキル獲得の機会「外出活動」を確保する

外出活動は、地域生活を継続していく上でとても重要な活動です。通院や買い物はもちろん、地域によっては電車やバスに乗れないと生活しづらいこともあるでしょう。こうした外でしかできないスキルを獲得する外出の機会は確保したいものですが、天気によって活動が制限されてはその機会も少なくなってしまいます。ある程度の天候の変化に対応できるようにしておきましょう。

「雨の日=活動しやすい日」という逆転の発想を

雨が降ると、外での活動ができないので活動メニューに困るという声がよく聞かれます。しかし、視点を変えてみましょう。傘や合羽を使えるようになれば、活動に支障はありません。しかも雨の日にはおおむね町に人出が少ないという利点があります。刺激に敏感な人だと、外出先に人が多いだけで嫌になってしまったり、好きな活動でも楽しめなくなったりすることがあります。そうした人にとって、人が少ない雨の日は、絶好の外出日和ともいえるのです。柔軟な視点を忘れずに話し合ってみましょう。

身につけたスキルは他事業所にも情報提供

スキルアップしたことは家族や他事業所に伝え、別の場所での生活の幅も広げてもらいましょう。外出先など、行動のレパートリーが増えたら、そのことも情報提供しましょう。そうすることで、どこの居場所でもその情報を活用し、本人の各所での活動メニューが増やせて、生活の質を向上させることができます。

Case25

「ものを何かに入れるスキル」を活かして生活の幅を広げたい

自閉症のある人は、「元に戻す」「繰り返す」動きを身につけるのが得意なことが多いです。
「何かに入れる」「片付ける」という行為ができていれば、
生活面・作業面で重要なスキルの獲得につなげられるかもしれません。

A 先行事象 B 行動 C 結果をとらえるポイント

・「連絡帳を毎日箱に入れることが求められている」と、本人になぜ伝わっているのでしょうか?

・スタッフにほめられることで行動が強化されているでしょうか?

・以前は連絡帳をどうしていたのでしょうか?

話し合いのコツ

・連絡帳を入れる場所がわかりやすくなっているか、話し合ってみましょう

・自分で荷物の管理をするという意識を身につけてもらうことは可能かどうか、話し合ってみましょう

・連絡帳を箱に入れれば、すぐ次の日課に移れることを理解しているか、話し合ってみましょう

A 先行事象	B 行動
・リュックの中に連絡帳がある ・連絡帳を入れる箱がある	・連絡帳

機能分析(要求・逃避・注目・感覚)

要求	「次の日課にいきたい」という希望
注目	スタッフからほめられたい

行動

1

連絡帳を箱に入れる日課は
このまま定着してほしいですね
えらい!!
れんらくちょう

2

ほめられるのは嬉しそうにしてる?
はい。評価されると
ルンルンですよ!

3

その後の休憩時間も
すごく好きですもんね
スケージュール
れんらくちょう
はこにいれる
休けい

4

それなら連絡帳を箱に入れる
行動は維持されそうだね

■ 以前の課題 ■
ものを出しっぱなしにしてしまう

■ 以前の行動支援計画 ■
・出したものを決まった箱に入れる
・連絡帳を決まった箱に入れる

に入れる

C 結果
・スタッフにほめられる
・次の休憩活動に移れる

好子・嫌子

好子（要求）：次の日課	次の日課「休憩」が好き
好子（注目）：ほめられること	ほめられるとがんばれる

計画

機能分析 好子・嫌子をとらえるポイント

・次の日課である「休憩」は本人にとってどのように魅力的な日課なのでしょうか？

・本人は、スタッフからほめられることをどう感じていますか？

・ほめることで、本人のがんばりを引き出せていますか？

1

大好きな休憩……の前の行動は
早く終わらせたいよね
休けい♡
れんらくちょう

2

「次の日課」という好子による
「要求」の機能ですね
要
求
Yes !

3

僕たちからほめられることも
嬉しいみたいですよ
Good !!

4

「ほめられる」という好子による
「注目」の機能が働いているんだ！
注
目
Yes !

話し合いのコツ

・1つの行動の機能が、1つだけではないこともあります。いろいろな角度から分析して、意見を出し合ってみましょう

・スタッフがどのようにほめるとどのような反応が返ってくるか、ほめ方によって違いはあるか、話し合ってみましょう

じゃあ、これからどうする？ ～行動支援計画を立てよう～

連絡帳を箱に入れることができたし、この動作を他の場面にも活かしたいね
れんらくちょう

リュックから連絡帳を出し入れできるなら……作業服も出し入れできないかな？

できるかも！ 例えば持ち帰った作業服を洗濯機に入れるとか？

それは家族としては助かりますよね

生活力に直結するところだ それはぜひチャレンジしてもらいたいな
生活力

そういう狙いがあるなら家族も協力してくれそう
僕からも頼んでみます！

なら、施設に来る時に作業服をリュックに入れるのもできるんじゃない？

確かに……「帰ってきた→出す」「入れる→出かける」という状況と組み合わせれば理解してくれそう
帰
出

それも練習すればできそうだよね
そっちも家族は喜びそうです 両方やってみましょう！

いいアイデア！ 本人の現在のスキルとしてちょうどよい目標になると思うよ
Good!!

これができれば、将来グループホームみたいな親元を離れて暮らす時に絶対活きる力になるね
!
自立度
up!

ちょっとしたスキルアップが生活の力を大きく伸ばすこともあるんですねー
生活力
up!

ほんとだね こういう目標だとスタッフのモチベーションも高まるよね
がんばります！

導かれた 行動支援計画

・家から出かける時、施設で着る作業服をリュックに入れる

・家に帰ったら、リュックに入っている服を洗濯機に入れる

行動支援計画を導く話し合いのコツ

「出す」「入れる」動作は生活力を高めるベースになる

自閉症のある人は、その特性上元に戻すことや、繰り返しの動きを身につけるのが得意な人が多くいます。なかでも、箱や袋、かごなど、何かに「入れる」という動作は「片付ける」というスキルに発展させることができ、生活に応用しやすいものです。慣れれば、箱や袋、かごなどを見せることで行動を呼び起こすきっかけにすることができます。動きも比較的覚えやすく、取り組める人も多いでしょう。スタッフはそうした視点で生活を振り返り、新しいスキルを身につける機会を見つけてみましょう。

毎日の活動は練習の機会が得られやすい

出かける時にリュックに入れる、帰ってきたら出すという動作は、毎日必ず練習する機会があるので、習得しやすいでしょう。このように、目標を設定する行為を、日常的に動作の頻度が多いものにすると、身につきやすくなります。さらに、家族や他事業所など、多くの支援者がかかわる活動にすると、複数の視点で進捗状況を確認しながら支援を進めることができ、より効果的です。スタッフ同士で手分けをしながら、外部ともどんどん連携していきましょう。

目標設定は「生活力を高める」視点で

目標設定が生活に直結するものだと、本人もスタッフも前向きに取り組め、成果を日常的に確かめることができて効果的です。特に支援がうまくいき本人の生活が豊かになったことが実感できると、スタッフ自身がさらによい支援をしようと「強化」されていくので、やりがいが生まれ、よい循環を作ることができます。

Case26

適切な行動から話題や活動を広げたい

スタッフとのかかわりを楽しみたいタイプの人は、さまざまな手段でかかわろうとするでしょう。
適切なかかわり方なら大歓迎ですね。
さらに話題を広げたり、新たな活動を作り出したりするチャンスととらえましょう。

A 先行事象 B 行動 C 結果をとらえるポイント

- 適切な話題が出た時のみ、スタッフは反応しているでしょうか?
- スタッフが反応するのは、話してもよい適切な場面の時でしょうか?
- スタッフにどのような反応があると、本人がコミュニケーションが成功したと感じるでしょうか?

話し合いのコツ

- 現在、本人が話せる「適切な話題」にはどんなものがあるか、どんな話題が多いかなど、情報を提供し合いましょう
- 日課・時間・場面・スタッフによって「適切な話題」は異なるのか、確認してみましょう
- 適切な話題の時、各スタッフはどんなリアクションをしているか、確認してみましょう

A 先行事象	B 行動
・話したいスタッフが近くにいる ・話してもよい時間である	・適切な話 話す

機能分析（要求・逃避・注目・感覚）

注目　スタッフに常に自分を見ていてほしい

行動

- 適切な話題を積極的に振って、コミュニケーションのバリエーションを増やしていく

行動支援計画を導く話し合いのコツ

注目の不適応行為には分化強化を

良いことと悪いことの判断が不十分な場合、「バカ」といった不適切な発言に対する周囲の過剰反応が「好子」となり、「注目」の機能をもつため、さらに繰り返すようになってしまいます。不適切な発言は無反応で消去（☞p29）し、同時に適切な発言が出るよう促します。これを「分化強化」と呼びます。

■ 以前の課題 ■

不適切な発言でかかわりをもとうとする（☞p168）

■ 以前の行動支援計画 ■

・不適切な発言には無反応、適切な発言には肯定的な反応と対応にメリハリをつけることで適切な発言を増やす

スタッフと

C 結果

・スタッフが答えてくれる
・話ができてうれしい

好子・嫌子

好子：スタッフの反応

どのような反応でも期待している

計画

・適切な話題に関連した自立課題を提供しつつ、それを元にコミュニケーションをとる

好きな話題を作るための自立課題

好きなことは、コミュニケーションにも活かすことができます。自立課題（☞p28）は本人の興味・関心に合わせて作ることができるので、例えば食べ物が好きなら、食べ物をモチーフにした自立課題を提供し、それをもとにスタッフと食べ物の話題で適切に会話するなど、コミュニケーションを広げるツールにしましょう。

機能分析 好子・嫌子をとらえるポイント

・本人の発言は、「何か」を欲しているのではなく、「人と話すこと」に特化されているでしょうか？

・本人は、スタッフのどんな反応を求めているのでしょうか？

・不適切な発言に対する「スタッフの注意」は、この場合、好子・嫌子どちらで機能するでしょうか？

話し合いのコツ

・現在うまくいっていなくても、人が好きで、人とのかかわりを求めることは本人の大きな強みであることを、スタッフ全員で確認しましょう

・適切な話題につながりそうな興味・関心や好みがありそうか、スタッフで情報を出し合ってみましょう

Case27

感覚刺激を活用して余暇活動に運動を取り入れたい

体操など運動に関係する日課を組んでいる施設は多いでしょう。
障害の特性によっては、一定の感覚刺激を好ましく感じる人も少なくないため、
身についた運動の習慣は他の日常生活にも活かせそうです。どうすれば活用できるでしょうか。

A 先行事象 B 行動 C 結果をとらえるポイント

- 提供された運動を楽しみ、自ら取り組む様子はありますか?
- 習慣的な日課として運動の活動に参加できていますか?
- 日常的に飛び跳ねたり、くるくると回ったりすることが好きですか?
- トランポリンなどの運動器具は、運動の時間だけで使えるものですか?

話し合いのコツ

- 運動の活動がなかった時の本人の運動量はどの程度か、みんなで情報を出し合ってみましょう
- 運動の活動に取り組むことで、バランスボールなどの器具の使い方は上達したか、話してみましょう

A 先行事象
- 日課に運動の時間を設ける
- トランポリンなどの器具が用意されている

B 行動
- ボール、
ル、トラ
運動する

機能分析（要求・逃避・注目・感覚）

感覚　バランスボールやトランポリンによる、身体が浮いた感覚や、いつもと違う風景の変化の感覚を楽しんでいる

行動

- 運動の時間だけではなく、休憩や余暇の時間にもバランスボールやトランポリンを提供

行動支援計画を導く話し合いのコツ

感覚刺激の偏りを活用する発想で

自閉症の人は、その障害特性により飛び跳ねる、くるくる回る、手をひらひらさせるなどの動きが好ましく感じられ、身体の傾きやゆれ、浮く、回るなどの感覚刺激を楽しめます。適切な場面・方法で好きな感覚刺激を満たせるなら、それを活用して日常生活に取り入れ、どこで活かせるか話し合ってみましょう。

■ 以前の課題 ■

日常的に身体を動かす機会が少ない

■ 以前の行動支援計画 ■

・バランスボール、トランポリン、ボールなどを使った運動の日課に週3回参加する

ランスボー
リンなどで

C 結果

・身体を動かすことができて楽しい

好子・嫌子

好子：独特な浮遊感、変化する視界など

前庭覚※の敏感さから、身体がはずんだり傾いたり、ゆれたりする感覚が好ましく感じられる

※内耳にある、バランスやスピードを感じる器官

計画

し、感覚刺激を楽しみつつ身体を動かし運動してもらう

生活に運動の習慣を取り入れる

運動の時間で本人が大好きな感覚を得られることがわかったら、ぜひそれを活用しましょう。バランスボールやトランポリンは大きな運動量を必要とします。本人に運動の意識はなくても、感覚刺激を満たしながら身体を動かせれば、一石二鳥です。休憩や余暇に積極的に取り入れ、気持ちよく運動してもらいましょう。

機能分析 好子・嫌子をとらえるポイント

・普段は運動をしないとしたら、バランスボールやトランポリンに前向きに取り組むのはなぜでしょうか？

・バランスボールやトランポリンで特に得られる感覚刺激は何でしょうか？

・本人にとって、「身体を動かすこと=汗を流す・身体を鍛える」なのでしょうか？

話し合いのコツ

・普段の生活では、どのように感覚刺激を求めているか、話し合ってみましょう

・日常生活の中で、「高い所に登る」「跳んではいけない場所で跳ぶ」など、運動の時間で得られる刺激と類似した感覚を求めることはないか、振り返ってみましょう

Case28

適切な買い物の方法を身につけたい

地域生活をしていく上で、自分で買い物をできることは重要なスキルです。
レジでお金を払うと品物が手に入るという基本ルールを学習したら、
並び方、レジの様子などが違う別のお店でもチャレンジできないでしょうか。

A 先行事象 B 行動 C 結果をとらえるポイント

- 買う商品は、おつかいのような頼まれたものではなく、自分がほしいものですか?
- レジを通せば手に入る仕組みを理解できていますか?
- 商品を勝手に持ち出すことは減りましたか?

A 先行事象
- 慣れたお店に行く
- ほしい商品がある

B 行動
- レジで店

機能分析（要求・逃避・注目・感覚）

要求　ほしい商品を手に入れたい

行動

1

会計ができない頃は
買い物は無理かなと思いました

2

どうやって
やり方を伝えたの?

初めは身体誘導プロンプト
（☞p29）をしました

話し合いのコツ

- 買い物以外でも、ほしいものが手に入らない時にどうなりやすいか、情報共有しましょう
- 商品をレジに持っていくことを、初めはどのように伝えたか、思い出してみましょう
- 買い物のルールを知った後、お店での様子が変化したか、意見を出し合ってみましょう

レジを通せばいいとわかった後は
勝手に持ち出すことが減りましたね

3

買い物は早いうちに習得しないと
これからずっと困るからね

4

■ 以前の課題 ■

店から好きな商品を持ち出してしまう

■ 以前の行動支援計画 ■

商品をレジに持っていき、店員に渡し、お金を払うことを覚える

商品を渡す

C 結果

・ほしい商品が手に入る
・好きなものを食べたり飲んだりできる

好子・嫌子

好子：ほしい商品

お店から持ち出そうとするほど強い好子

計画

1
機能はやはり「要求」と考えていいですかね?
商品を取ってスタッフにアピールしているわけではなさそうだね

2
ものを獲得したがるので僕も「要求」かなと思います
「要求」で間違いないだろうね

3
となると好子も断定できるね

4
「自分がほしい商品」が好子で間違いないと思います!

機能分析 好子・嫌子をとらえるポイント

・ほしい商品は、食べ物・玩具など、自分がほしがっているものですか?

・ほしい商品を、自ら選んで手に取っていますか?

・純粋に「もの」がほしいのでしょうか? または誰かの気を引くためにしているのでしょうか?

話し合いのコツ

・より強い好子になる可能性のあるもの（本人が強く欲しているもの）のリストを作ってみましょう

・好子が手に入らなかったら本人はどうなるか考えてみましょう

・店の人に「ありがとうございました」と言われたり、誰にも止められずにほしいものが手に入ったりすれば「買い物は楽しい活動なんだ」と理解してもらえそうか、話し合ってみましょう

じゃあ、これからどうする?　〜行動支援計画を立てよう〜

さらに買い物が上達するために
必要なのは何かな?
SHOP

今は店が空いている時間に
買い物していますが
混む時間はどうなるかな……?
SHOP

たぶんレジの列をかき分けて
割り込むような気が……
買い物で列に並ぶことができると
安心だよね!

レジの列に並ぶのは
目標の一つになりそうだね!
他に買い物で身につけると
よいことはあるかな……?

いつも行く近所の
コンビニ以外でも
同様にレジに行けるかなあ
店によって
レジの形状も違うしね
24
SHOP

自閉症のある人は特に、状況の理解や
変化への対応が難しいから
並んだりレジの場所が
変わったりするのは苦手かも

身につけたスキルを
新たな場面に用いる
「般化」が難しい場合が多いね

どうやったら
列に並ぶことをがまんできるかなあ

すごく好きな玩具入りのお菓子を買う時なら
「列に並んだらもらえます」と言えば
がんばれるかも?

強力な好子は効果的だね!
新しい店のレジを覚える
時も、役に立ちそう

好きなもののためなら
がまんできることも
多いからね
Darling

地域のいろんなお店で
好きなものを一緒に選び
ながら買えたらいいなー

では、新しいレジでの
会計も
目標にしよう!
ハイッ!

導かれた 行動支援計画

- 店が混雑している時でも、会計の列に並ぶ練習をする
- 他の店でもレジの場所を覚え、列に並んだり会計したりできるようになる

行動支援計画を導く話し合いのコツ

買い物スキルは地域で生きる基盤

買い物は、地域で生きていく上で非常に大切なスキルです。お金の計算ができなくても、列に並ぶ、レジを通して会計する、ということができれば、支援を受けながら買い物を楽しむことが可能です。買い物には、選ぶ楽しさもあります。多くの選択肢から好きなものを選ぶのはとても楽しい時間ですよね。その楽しさを、利用者とスタッフが共感できるような支援を考えてみましょう。

身につけたスキルは般化を目指そう

自閉症のある人の苦手なことの一つに、「般化」があります。つまり、身につけたスキルを他の場面で応用することが苦手なのです。ある店で買い物ができても、別の店でも同じように買い物ができるとは限りません。買い物はいつも同じ店とは限らず、店内の状況も時間により変化し、店が改装することもあります。日頃から般化を意識した支援を心がけ、安心できる地域生活を広げていきましょう。

強力な好子があるとスキルを学習しやすい

何かを身につける時は、動機づけが強いほど早くできます。「すごくほしいもの」のような強力な好子のためなら、新しくて慣れにくいこともがんばれそうです。買い物の練習時は、スタッフが本人の強力な好子を把握し、「ほしいものを手に入れる」という設定で練習すると、スキルを習得しやすいでしょう。

Case29

イライラした時に適切な方法で発散できるようにしたい

さまざまな特性のためにうまくいかず、怒ったり機嫌を損ねたりした時、
イライラを適切に発散できないと、自傷、他害、破壊という方法に向かう場合があります。
そのため、適切な発散方法を見つけておくことは、とても大切です。

A 先行事象 B 行動 C 結果をとらえるポイント

・スタッフはどのような時「本人はイライラしている」とわかるのでしょうか?

・なぜ本人は走ることで発散できるのでしょうか?

・テラスを走った後、イライラが解消された様子が確認できていますか?

話し合いのコツ

・本人はどんなことでイライラするのか、イライラしていることを全てのスタッフが気づけるか、話し合ってみましょう

・イライラが高じると、どのような結果になるか、みんなで情報を共有しましょう

・発散できる場所の環境(天候に左右されないか・いつでも使えるか・安全かなど)を、スタッフで再度確認してみましょう

A 先行事象	B 行動
・空腹などでイライラが増してきた時	・テラスを

機能分析(要求・逃避・注目・感覚)

逃避 「嫌だ!」という気持ちから逃れたい

行動

1

イライラすると人を
押し倒すことがあるので
目が離せません

2

それは危険だね。でも
走ることは好きだから、発散できそうね
なるべく広いスペースが
いいんですよね

うん。ここのテラスは広めで
屋根もあるし、雨の日でも走れます

3

こんなに走って発散できるって
すごいなあ

4

■ 以前の課題 ■

イライラしたら他の人を押してしまう

■ 以前の行動支援計画 ■

・イライラが高じたら、日課中でもスタッフがテラスに誘導し、発散のために走ってもらう

回る

C 結果

・イライラが発散される

好子・嫌子

嫌子：イライラ感

「嫌だ!」と感じていることそのもの

計画

1

走り回ることで発散できているとしたら何の機能をもつかな?

2

嫌なことから逃れようとしているので「逃避」だと思います!
それで間違いないと思います

3

となると嫌子は何だろうか?
イライラということでよいかと思います

4

うん。ではイライラの原因は何だろうね?
ストレス発散と並行して、嫌子もより深く考えていかなきゃね。
キャッ

機能分析 好子・嫌子をとらえるポイント

・本人は、日頃たまったイライラを、どのような形で発散・消失させようとしているでしょうか?

・テラスに出て走り回るのは、楽しみや遊びのためなのでしょうか?

・テラスを走り回ることで他害行動は減りましたか?

話し合いのコツ

・イライラから逃れるためにどうしようもなく走るのが「逃避」、遊んで楽しそうに走っていれば「要求」であることを確認しましょう

・走り回ることの機能が「逃避」の場合は、嫌なことから逃れているため、「嫌子」があることを確認しましょう

じゃあ、これからどうする？ ～行動支援計画を立てよう～

イライラした時に
テラスを走る発散方法は
本当に効果があるの？

効果的だと思います
スッキリした表情に
なっていますからね

作業・活動中に
集団から離れることは
全スタッフが了解してるの？

いいえ。本音を言えば
活動中に1人だけ離れるのは
いいのかなって迷いがあります

スタッフとしては
本人がテラスに出ようとするのを
止めよう！って
一瞬思ってしまうんですよね

確かに迷うよね
でも、発散できないと
他害などの不適応行動が
起こるでしょう？

そのほうが問題だね
施設の方針として
僕が全スタッフに指示を出せば
判断に迷わないよね
テラス発散
OK

リーダーが周知してくれるなら
やりやすいです！ ぜひお願いします！
このミーティングに参加していない
スタッフにも伝えてね

あとは、回復したら自分で
戻れるようになるといいんだけど……
今はテラスから戻る時は
どうしてるの？

スタッフがそろそろかなと思う
タイミングで声をかけてます
自分で戻ってきてくれたら
ベストだね

テラスに出っぱなしにするのは
よしたいですよね

すぐに出入りできるポジションだと
戻りやすいかもよ
よし！ 座席もテラスの側に変えよう

導かれた 行動支援計画

・イライラしたら、自分の判断でテラスに出られるよう、出入りしやすい座席を用意する

・回復したら自ら日課に戻ってもらう

行動支援計画を導く話し合いのコツ

感情への対処が優先される場合もある

イライラしたからといって、集団生活の活動中に1人だけ抜け出すのを黙認するのは、スタッフとしては迷うところでしょう。しかし、イライラが自傷、他害、破壊に進行する可能性と比較考量すると、感情を静めることは、そのまま活動を続けるよりもリスクが低く、優先されることも多いのではないでしょうか。ベストな選択肢がない場合、ベターな選択をしていきましょう。スタッフの意見が割れそうな場合は、リーダーなどの管理職が施設の方針として責任をもって明確に指示することも必要です。明確に指示が出れば、スタッフも方針に従ってチームプレーができます。

自己判断で感情を処理し、戻れるようにする

自分の感情に気づいて対処することは、障害がなくても難しいものです。イライラしやすい特性があるなら、それに明確に対応するスキルを身につける必要があるでしょう。自分の判断で感情を処理し、回復したら自らの判断で戻ってくることができれば、嫌なことがあっても1人でイライラに対処できます。感情を自ら振り返ることが難しい場合は、時間を決めてタイマーを使ったり、「走っていた足が止まったら席に戻る」など、戻るためのルーティーンを作る方法もあります。

別行動が周囲に目立たないように工夫する

いくらスタッフ間で支援方針が共有されても、活動中に1人だけ別行動をすることが周囲に目立ちすぎると、他の利用者に影響が出るかもしれません。そのため、なるべく目立たないようにする配慮が必要です。イライラ解消のための移動先に近い場所に座席を設定するなど、目立たず出入りしやすくするための配慮は、トラブル予防のための重要なポイントです。

Case30

食べ物を自分の好みの状態に加工できるようにしたい

自閉症の人は、偏食や異食など、食行動のこだわりや問題を抱える場合があります。
食事を拒否する場合でも、単なる好き嫌いとは限りません。
まず原因をとらえ、解決できることがあれば、そこから取り組みましょう。

A 先行事象 B 行動 C 結果をとらえるポイント

・本来本人は、食べることが嫌いなのでしょうか？　好きなのでしょうか？

・食事が冷めている時、その食事をどうしていますか？

・本人は、食事をどのくらい温めると満足するのでしょうか？

話し合いのコツ

・家や外ではどのような方法で食事をしているのか、情報を集めてみましょう

・何が本人の「食べたいポイント」になっているのか、話し合ってみましょう

・電子レンジでの温め方が足りず本人が満足しないことはなかったか、スタッフで情報を出し合ってみましょう

A 先行事象
・スタッフが食事を電子レンジで温める

B 行動
・温かい食

機能分析（要求・逃避・注目・感覚）
要求　温かいものを食べたい

行動

1
以前から、食事が冷めていると捨ててしまうんです
2
家族から「温かいものが好き」と聞いて……レンジで温めたら食べてくれました！
ち〜ん
3
集団生活での食事だと、熱々での提供は難しいもんね
僕ももっと温かいのが食べたいなあと思うこともあります
4
食事が嫌なのではなく、実は温かいものが好きだったというのは発見だね

■ 以前の課題 ■

食事を食べたくないと残す

■ 以前の行動支援計画 ■

食事が冷めている場合は、スタッフが電子レンジで温めて提供し直す

食べる

C 結果

・おいしくて気分がよい
・元気になる

好子・嫌子

好子：「温かい」食事

「冷めた」食事は逆に嫌子になり、捨ててしまう

計画

機能分析 好子・嫌子を とらえるポイント

・「食事を捨ててしまう」のは、食べたくないからでしょうか？

・食事を食べられる時は、どのように出されているのでしょうか？

・温めて出した食事は、どのように食べているでしょうか？

話し合いのコツ

・「食事を捨ててしまう」という行動は、「冷めた食事」という「嫌子」からの「逃避」である一方、「温かい食事」という「好子」の「要求」にもなり得ることを確認しましょう

・「温かい食事」という「好子」は次の行動を引き出す動機につながるかどうか、話し合ってみましょう

1
食べ物を捨ててしまうから、食事が嫌なんだって勘違いしてなかった？

2
最初はそう思ってたんですよ！
レンジでチンすると食べてくれて、ああ「要求」なんだ、って気づきました
ち〜ん♪
4
本当は食事が好きなんだって気づかなかったら、ずっと捨てていたかもね

3
温かい食事なら食べっぷりがいいんですよ！

じゃあ、これからどうする？ ～行動支援計画を立てよう～

温め方が足りない時も
あるみたい……レンジは自分で
やってもらえたらなって思うんです

確かにそうすればもっと
自立的に食べられますよね
レンジの操作ができるかが
ポイントだね

施設の食堂のレンジは
ダイヤル式なので、操作は簡単です
でも、回しすぎると
やけどの危険もありますよね

やけどは避けたいけど
レンジを使えれば
今後の生活に大きく役立つね

うまく伝えれば
できるようになると思うんです
僕もそう思います！

自分で操作するのには工夫がいるね
言葉や文字が苦手ですよね……
視覚的な目印で伝えましょうか

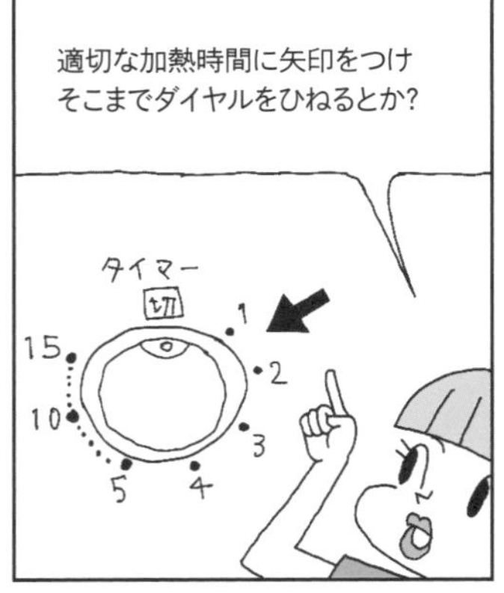
適切な加熱時間に矢印をつけ
そこまでダイヤルをひねるとか？
タイマー
切
1
2
3
4
5
10
15

それならすぐに
取り組めそうですね
それができればどんな食事も
自分で温めることができる！

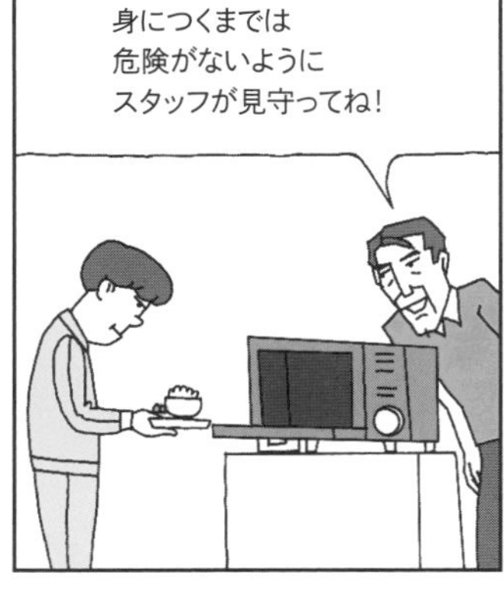
身につくまでは
危険がないように
スタッフが見守ってね！

そうですね
温める時は後ろから
そっと見守りましょう
わかりました！

施設で操作を覚えたら、ぜひ
家庭でもやってほしいですね
「般化」を目指すって
ことですね

うん うん
操作方法は違うだろうけど
将来のために
いろいろなレンジでできるように
なってもらいたいです！
レンジ
スタート
1分
あたため

導かれた 行動支援計画

- 自分で施設の食堂の電子レンジの操作ができるようになる
- 他の場所でも電子レンジを使いこなせるようになる

行動支援計画を導く話し合いのコツ

偏食を単なる「問題行動」と思い込まない

自閉症のある人の偏食は、口内の触覚・味覚の過敏さが関係していることも多いものです。もちろん単なる好き嫌いもあり得ますが、食事の何が原因で残したり捨ててしまったりするのかは、言葉で発信ができない場合、周囲に伝えられません。本人の行動観察や家族からの情報によって、食事を提供する条件を変えてみると原因を発見できるかもしれません。ミーティングで情報を共有し、手立てをよく考えてみましょう。

自立的になれる支援計画を導こう

温かい食事が好きな人の場合、電子レンジはとても便利なものです。特に自分で調理ができないと、提供されたり購入したりした食事を食べることになります。電子レンジを自分で使えれば、自分の食べたい時に、食べたい状態に近づけることができますが、スタッフに操作を頼ったままだと、その自由はずっと得られません。ミーティングでは、自立的に動いてもらえる視点での支援計画を導きましょう。

他の条件でも使えるようにし、危険も体験しておく

電子レンジなどの機器類は、機種により操作が違うので、誰でも練習が必要です。利用者の今後も見据えて、施設以外にも、家庭など、複数の決まった場所で使えるように練習できるとよいでしょう。
また、皿や食べ物が熱くなりすぎて危険なこともあるので、スタッフがいる時に、何をどれくらい温めるとやり過ぎなのか、エラーも体験してもらいましょう。

Case31

作業活動のスキルアップを図りたい

成人の施設では、作業活動を主な日課にしているところも多くあります。
手作業だけでなく、重いものを運んだり積んだり、機械や道具を操作したりといった動作を段階的に練習するための支援計画を立てるポイントは何でしょうか。

A 先行事象 B 行動 C 結果をとらえるポイント

・台車を押して荷物を運ぶことを仕事として理解していますか?

・本人に、「台車を上手に扱いたい」という気持ちがありますか?

・台車をうまく取り扱えたら嬉しそうにしていますか?

・台車を押す力加減を理解していますか?

話し合いのコツ

・台車をうまくコントロールできず、壁にぶつけたり、荷物を落としたりした時、または台車をうまくコントロールできて荷物を移動できた時、スタッフはどのように声かけをしたらよいか、話し合ってみましょう

・取引先の工場で実際に台車を取り扱えるようになるにはさらにどうしたらよいか、話し合ってみましょう

A 先行事象
・荷物を載せた台車がある
・仕事をがんばりたい気持ちがある

B 行動
・台車を上

機能分析（要求・逃避・注目・感覚）
感覚　台車をうまく操作して仕事の達成感を得たい

行動
・取引先の工場付近にある、凹凸や斜面がある道でも、台車が操作できるようになる

行動支援計画を導く話し合いのコツ

作業活動は手作業に限らない

作業活動は、工場からの受注作業の場合は手作業が多いでしょう。一方、工場への納品がある場合、運搬も大事な仕事となります。重いものを持てれば周囲がとても助かり、道具や機械、台車を扱えたら大きな強みになります。本人も難しい仕事に従事しているという自尊心が高まります。

■ 以前の課題 ■

台車をうまく取り扱うことができない

■ 以前の行動支援計画 ■

施設内で、スタッフに見守られながら台車を押す練習をする

押す

C 結果

・台車をぶつけずに移動できる
・台車を思いどおりに扱えた達成感が得られる

好子・嫌子

好子：仕事の達成感

与えられた仕事を成し遂げた事実と達成感

計画

・取引先の工場内で、1人で台車を使って荷物を運び、自尊心を高める

機能分析 好子・嫌子をとらえるポイント

・仕事に対して意欲的で、仕事を成し遂げたいという気持ちは強いですか？

・台車を扱う操作感は、本人にはどのように感じられているでしょうか？

・今までできなかったことができるようになることは、本人にとってどのような意味がありますか？

話し合いのコツ

・他者からほめられることと、自分で仕事を達成したという感覚の、どちらが強い動機づけとなっているか、話し合ってみましょう

・台車をコントロールできるようになって、本人は自信がついてきているか、確認してみましょう

・施設ではなく工場のような変化がある状況で台車を扱っても、本人の意欲は変わらないか、想像してみましょう

仕事の幅を広げる視点で

手作業や機械・道具の扱いのスキルアップとともに、そのスキルを発揮する場面を広げていく視点をもって、ミーティングで話し合ってみましょう。機械や道具を扱う機会を増やすことにはリスクもありますが、仕事の幅を広げていくために必要なチャレンジだといえます。

Case32

自分の伝えられる要望の範囲を広げたい

言葉による発信が苦手な場合、自分が嫌な時や困った時に意思表示できず、結果的に不適応行動で訴えてしまう場合があります。
発信できそうな方法を確立して、その他の場合にも般化できる支援をしましょう。

A 先行事象 B 行動 C 結果をとらえるポイント

- 他害をしなくても、スタッフを通せば希望が叶うことが本人に伝わっていますか?
- スタッフに適切に訴えた場合は、必ず対応していますか?
- 発信が苦手なだけで、「静かにしてください」という言葉は以前から言えていましたか?

話し合いのコツ

- 言葉で発信する力があったのに、なぜ他害が優先されていたのか、考えてみましょう
- 言葉で発信したことで、本人は「解決した」という感覚をもっているかどうか、話し合ってみましょう
- スタッフは助けてくれる存在と認識しているか、話し合ってみましょう

A 先行事象
- 騒いでいる人がいる
- 近くにスタッフがいる

B 行動
- 「静かにし
スタッフ

機能分析（要求・逃避・注目・感覚）

逃避　「うるさい」という事象から逃げたい

行動

- 例えば「作業を手伝ってほしい時」にスタッフに助けを求められるように、「お願いしま

行動支援計画を導く話し合いのコツ

問題行動の真の意図を探る

支援者は、自傷・他害・破壊などの行為を「パニック」「ストレスがたまっている」など抽象的にとらえがちですが、実は「助けて」などの明確な意思が不適切に表示されているだけかもしれません。代替行動（適切な表示方法）を伝えて強化すると、適切な行動に置き換わります。問題行動の真の意図を探るミーティングをしてみましょう。

■ 以前の課題 ■
うるさく感じる利用者を他害してしまう

■ 以前の行動支援計画 ■
「静かにしてください」とスタッフに訴えることができるようになる

ださい」と
える

C 結果
・騒いでいる人にスタッフが対応し、静かになる
・安心して活動ができる

好子・嫌子

嫌子：
他の人のうるさい声

聴覚過敏のため特定の声や音が特につらい

計画

す」「手伝ってください」などと言える練習や、言葉が出るようなプロンプトをする

機能分析 好子・嫌子をとらえるポイント

・感覚の過敏さを抱える本人にとって、一部の人の声は、どのように受け止められる可能性があるでしょうか？
・現時点では、声自体を嫌がっているのでしょうか？　それとも声を発する人を嫌がっているのでしょうか？

話し合いのコツ

・うるさい人がいる以外にも、本人が困っている時に他害や破壊などの表現になってしまう場面がありそうか、みんなで振り返ってみましょう
・回避する方法は、スタッフに訴える以外にも何かありそうか、考えてみましょう

他者に助けを求める方法を伝える

自閉症のある人は、人とのかかわりを求めないことも多く、困ったことがあっても表現しない場合があります。言葉が出ない場合、ヘルプカードのような絵のカードを渡す、スタッフの肩をたたく、手を引くといった別の表現方法を使ってもらえる可能性はあるか、みんなで話し合ってみましょう。

Case33

他者をたたいてしまう他害行為を止めたい

他者をたたいてしまう、いわゆる他害の場合、
対策をしないと維持・強化され続け、エスカレートすることもあります。
ABC分析でその原因を突き止めるところから対策を始めましょう。

A 先行事象 B 行動　C 結果をとらえるポイント

・玩具や楽器は本人にとってどれくらいほしいものなのでしょうか?

・たたいたら手に入ることは、定着しているのでしょうか?

・スタッフがたたくことを止めることはできるのでしょうか?

話し合いのコツ

・本人は、たたかれた相手の気持ちを理解できそうか、話し合ってみましょう

・本人は、順番やルールを理解できそうか、話し合ってみましょう

・状況がわからないパニック状態なのか、状況を把握して他者をコントロールしようとしている行動なのか、考えてみましょう

A 先行事象	B 行
・他の人が、自分の好きな玩具や楽器で遊んでいる ・自分の遊びたいものが他にない	・その人

機能分析（要求・逃避・注目・感覚）

要求　玩具や楽器などをどうしても手に入れたい

行動

1

ほしいものは必ずゲットしないと気がすまないタイプで……
でも、たたくのが定着していてはこの先も困るよね

2

他害が出そうな前ぶれはないの?
僕たちが目を離した瞬間をねらっているようなんです

私たちもこれではよくないことをわかっているんですが……

3

ほしいものをゲットするためなら暴力も辞さない！ってところか……

4

フェイスシートより

Jさん・男性・35歳
- 他の人とかかわるより、1人で過ごすことが好き
- 言葉でコミュニケーションをとることが難しく、直接的な行動に出ることが多い
- 他害が出やすいため、小グループや個別活動を優先している

たく

C 結果
- その人が使っていた玩具や楽器が手に入る
- 手に入れたもので遊べて楽しい

好子・嫌子

好子：玩具、楽器	特定の玩具や楽器が好きで興味がある

計画

機能分析 好子・嫌子をとらえるポイント

- 他の人をたたくことで、スタッフの注意を引こうとしている様子はありませんか?
- 好きな玩具や楽器は、スタッフがあらかじめ把握していますか? それともその日により大きく異なりますか?

1

Jさんはそのおもちゃや楽器を使って遊びたいの?
遊びますし、自分の手元にあることも大事みたいです

2

なら、スタッフの気を引いてるわけではなくて、「要求」なんだね
他害という手段で「要求」しているんですね

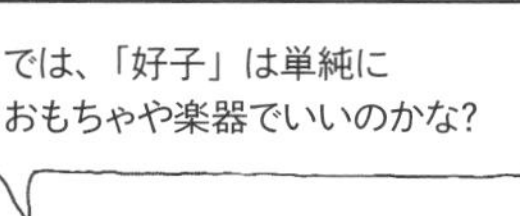
では、「好子」は単純におもちゃや楽器でいいのかな?

3

うん。間違いないね
おもちゃや楽器を獲得するために他害が定着してしまったんだろう

4

話し合いのコツ

- 玩具や楽器を手に入れた後、本人はそれで遊んでいるのか、それとも手に入れれば満足するのか、話し合ってみましょう
- 本人が好きな玩具や楽器は何か、記録をとってみましょう
- 他の場面でも他害という手段で意思を通すことが多いのか、生活全般を振り返ってみましょう

じゃあ、これからどうする？ ～行動支援計画を立てよう～

他害が続くと
近寄る人がいなくなるし
放っておけないね

たたかれた人やご家族にも
申し訳ないですし
彼は身体も大きいので
僕らでさえ怖いんですよね……

話せる言葉や、絵などの
カードで発信できないかな？

「ください」「お願い」くらいなら
言えると思いますよ
以前、おやつの時に
ちょっとだけそう言っていたかも
くださ い

写真のスケジュール（☞p28）
を使っているので
写真なら伝えられるかもです

うん。じゃあまずは
他害に換わる行動を設定しよう
言葉か写真による意思発信を
育てるのが近道かな？

Jさんは視覚が優位なので
写真の「ほしいものカード」を
作ってみてはどうでしょう？

ほしいおもちゃと楽器は
わかるので
まずその写真をカードにしますか？

本人がコミュニケーションしたくなる
カードからなら成功しやすいね！

うーん……
使ってくれますかね？
いきなりは
使ってくれないよね
？

最初は使い方を
伝えないとね
彼がほしいものも
あらかじめスタッフが
持っていよう
くだ さい！

手が出たら退室などの
対応をしやすいように
出入口付近で、他の
利用者と離れて練習ね
EXIT

まずは写真カードを出す
プロンプトをどうするか
考えて共有しましょう！
了解！

導かれた 行動支援計画

・写真のカードで要求できるようになる

・写真のカードによる要求を身につけるため、初めはスタッフが「写真カードを見せてください」とプロンプトを出す

行動支援計画を導く話し合いのコツ

解決優先度が高い「他害」 安全第一で早めの対策を

「他害」という不適応行動があると、他者やスタッフが容易に近づけなくなり、支援を提供しにくくなる可能性もあります。優先度が高いことが多いので、チーム全体で早めに対策しましょう。このケースでも、スタッフの退避ルートを確保しつつ、プロンプトを出す計画にしました。初めは対応しやすい位置取りで、他の利用者と適度な距離を保ち、他害を予防しつつ安全第一の対策を考えましょう。

「他害」以外のコミュニケーションスキルを考える

他害のある人は、他に意思表出の手段がないからやむを得ずそうしている、という場合も少なくありません。他害以外の方法を伝えてこなかったからともいえます。
他害が環境によって身についたものなら、代替行動も環境から定着させることができます。代替行動は、本人とチーム全体が協力して定着できそうなものを設定するため、ミーティングでは、本人・スタッフともに納得できる代替行動を考えてみましょう。

他害対応でのスタッフの安全確保は事業所の責務

他害行動への対応は、スタッフへの危険もともないます。できる限りの対策をしてスタッフを危険にさらさない努力は、事業所の責務です。たたく・噛むなど、どのような行動があるのか把握し、事前にスタッフ間でロールプレイをして、対応を練習しましょう。スタッフが長袖やグローブなどを身につけて肌の露出を減らす対策も有効です。
理由を本人や家族に説明して許可が得られれば、他害発生時の動画を撮らせてもらってもよいでしょう。その動画を見ながら、スタッフ間で対応方法について振り返り、どのような介入方法が有効・適切か、ミーティングで検討することができます。

Case34

他者のカバンなどの中の食べ物をとって食べてしまう

食べたり飲んだりするのが大好きなのはよいことです。
しかし、食べ物や飲み物が入っている可能性があるカバンやロッカーなどを、勝手に開けて人のものをとってしまうと問題となり、対策が必要になります。

A 先行事象 B 行動 C 結果をとらえるポイント

- 他者のカバンやロッカーに食べ物があることがわかるような経験が、過去にありましたか?
- そのカバンやロッカーが簡単に開くことを、本人はわかっていますか?
- カバンやロッカーには、いつも自分のほしいものが入っていますか?

話し合いのコツ

- 過去の食べ物などをとった成功体験が行動の定着につながっていないか、振り返ってみましょう
- 実際に本人がカバンなどから食べ物等を取り出しているところを見たことがあるスタッフがいたら、その様子を共有しましょう
- 他の人のカバンなどを「開けてはいけない」ことを理解できそうか、話し合ってみましょう

A 先行事象	B 行動
・いつもお腹が減っている ・他者のカバンやロッカーが目の前にある	・他者のカ を開け とる

機能分析（要求・逃避・注目・感覚）

要求　いつも食べものをほしがっている

行動

1

彼には何度かカバンやロッカーからお菓子をとられてるんですよね
お菓子とかは入れないようにしたら?

2

そうなんですけど、僕たちもつい……
飲み物や飴は私たちもすぐ出したいので

「カバンやロッカーにはたいてい食べ物がある」って認識が定着していそうだね……

3

何度もお菓子をゲットしてすっかり習慣になってしまったのか……

4

フェイスシートより

Mさん・男性・22歳
・いつも元気で、お腹が減っている
・自分と他者の持ちものを区別していない
・施設の昼食やおやつの場面でも、他者のものをとって食べてしまう

やロッカー
べ物などを

C 結果
・食べ物などが手に入る
・すぐに食べることができる

好子・嫌子

好子：お菓子や飲み物	食べられるものしかとらない

計画

機能分析 好子・嫌子をとらえるポイント

・本人がとっているところを見たスタッフは、どう反応しましたか？
・実際にとるものは、食べ物や飲み物だけですか？
・食べ物などを手に入れた後、すぐに食べていますか？

1

カバンを開けて気を引きたいとか
他の目的はないんだよね？

2

食べ物や飲み物を見つけて食べること
が唯一の目的といってよいです
見つけてからが素早いんですよね！

置いてあるお菓子は多くないので
ササッと全部口に入れちゃうんです

3

……好子はお菓子や飲み物で
間違いないかな
そこまでわかっているのに
いつもとられてしまう私たちって…

4

話し合いのコツ

・カバンやロッカーを開けることで、スタッフの気を引こうとしたり、遊んだりしていないかも検証してみましょう
・食べ物をとることで、周囲からとがめられる可能性があることを本人が理解しているかどうか、話し合ってみましょう
・とっているものに共通性があるか、話し合ってみましょう

じゃあ、これからどうする？ ～行動支援計画を立てよう～

まず、他の人のカバンやロッカーを
勝手に開ける習慣はなくさないと

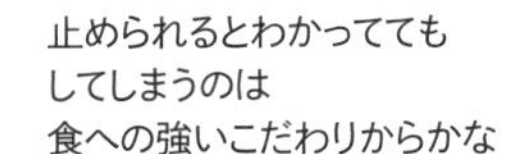

止められるとわかってても
してしまうのは
食への強いこだわりからかな

チョコ
ポテチ
せんべい

あと、僕たちのカバンとかを見ると
お菓子を想像して動いてしまう
衝動性の高さもあるのかも
おかし
チョコ

目の前に食べたいものがあるのに
じっとこらえるのは
つらいだろうと思います
チョコ
ポテチ
せんべい

やっぱり……
私たちがカバンなどにうかつに
食べ物を入れてはいけないね
チョコ
ポテチ

開けてもほしいものがなければ
行動は消去されるだろうね
定着しちゃってるから時間は
かかるだろうけど、徹底してみよう

Mさんは若くて身体も大きいから
本来たくさん食べたいんだよね？
はい。施設の食事だけじゃ
足りないのかも

人のものをとるくらいなら
おやつを用意しておいては
どうでしょう？

それいいね！ 時間を決めて
「毎日○時までがんばったらおやつ」
ってわかれば、がまんできるかも？

量はともかく
「食べられた！」って満足感が
あることも大事ですよね
カバンの中に
飴しかない時でも
満足してますしね

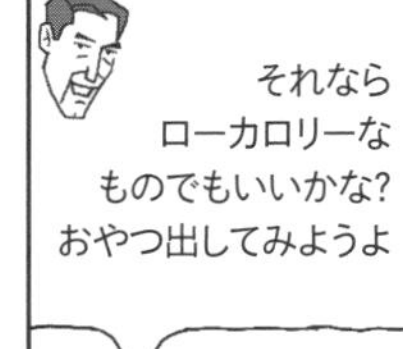

それなら
ローカロリーな
ものでもいいかな？
おやつ出してみようよ

ヘルシービスケット
0カロリー

× ○ × ○ ○

ただ、おやつを出せない人も
いるので
みんなの前では出さないでね
そのへんは
配慮できますよ

これでカバンを
開けることが
なくなってほしいな！

導かれた 行動支援計画

・スタッフがカバン・ロッカーに食べ物などを入れないよう徹底し、消去（☞p29）する

・本人用のおやつを用意し、他の人のものをとらなくても食べられるという保証をする

行動支援計画を導く話し合いのコツ

「消去」は100%やり通す覚悟で

消去は効果の高い支援方法ですが、実施するにはチーム全体で徹底してやり通す必要があります。このケースの場合、本人が一度でもお菓子を見つけてしまうと、再び期待が高まり、行動は消えません。消去には完全な環境整備が必要で、それが難しければ適さないということになります。ミーティングで全員が支援に向き合い、納得して協力できる場合に用いましょう。

保証や安心があれば衝動を抑えられることも

要求が叶えられるかわからない状態だと、誰でも不安がつのります。衝動が抑えられない特性がある場合、不安を解消するためにカバンやロッカーを開けて食べ物を探してしまうことも考えられます。しかし、「毎日おやつがある」と理解できれば不安は軽減され、不適応行動が減っていく可能性があります。一日の後半におやつなどの楽しみな時間があれば、そこまでのがんばりを引き出すこともできます。安心な毎日を担保することで情緒も安定していくでしょう。

生理的欲求は叶える方向で

食欲のような生理的欲求の場合、若くて身体も大きいなど、欲求が強いことが自然な場合もあります。施設でおやつを用意する場合は、内容や量、タイミングを管理できるので、食べすぎや極端な栄養の偏りもコントロールできます。食べた満足感も重要なので、例えばガムなど、口の中に長く残るような食べ物が効果的です。誰が準備するのかも含め、家族とも相談して、提供するものやタイミング、方法を考えましょう。

Case35

ポットやペットボトルのお茶を全て飲み干してしまう

食事や休憩で出るお茶を飲み干してしまう人は、のどが渇いたのか、お茶を味わいたいのか、それとも中身を空にしたいこだわりなのか、見極めが必要です。いずれにしても健康を害する場合もあるため、支援が必要です。

A 先行事象 B 行動 C 結果をとらえるポイント

・飲み干してしまうのは、水分補給したいのか、味を楽しみたいのか、それとも中身を空にしたいためでしょうか?

・ポットやペットボトルの中身が見える状態と見えない状態で、行動に変化はありますか?

・中身はお茶かどうかに限らず、飲み干してしまいますか?

話し合いのコツ

・なぜ「捨てる」のではなく、「飲み干す」のか、推察してみましょう

・水筒など、中身が見えない容器の場合はどうか、情報を出し合ってみましょう

・他の人が持っているペットボトルでも、取り上げて同じように飲み干してしまうのか、情報共有しましょう

A 先行事象

・ポットやペットボトルにお茶が残っている

B 行動

・すべて飲

機能分析(要求・逃避・注目・感覚)

逃避　ポットやペットボトルに中身が残っている状態を避けたい

行動

1

お茶とはいえ飲みすぎは身体に悪そう
1リットル以上一気に飲むこともありますからね

2

飲み干した後はどんな感じ?
目的を達成してスッキリした表情です
一気飲みの最中はつらそうです

3

みんなでシェアする昼食用のお茶ポットも
まだ飲んでいない人がいるのに
飲み干しちゃうので困ってしまいます

4

中身を空にするために
本人も必死なんだね

フェイスシートより

Qさん・男性・35歳
・普段から、ものを元に戻したい、などのこだわりが強い
・食欲は旺盛だが、人のものまでとることはない
・自宅でも飲みかけのものを見つけると飲み干してしまう

…す

C 結果
・ポットやペットボトルの中身が空になる

好子・嫌子
嫌子：容器に中身が残っている状態
「飲み物が残っている状態」が許せない

計画

機能分析 好子・嫌子をとらえるポイント

・中身が残っている容器を見て、本人は嫌そうですか？ 嬉しそうですか？
・一滴でも残っていると、飲み干したそうですか？
・飲み干した後は、嬉しそうですか？
・のどが渇いている様子はありますか？

1

初めはお茶が好きなのかと思いましたが
観察していると
「空にする」のが目的みたいです

2

ということは
機能は「逃避」だね
じゃあ……嫌子も「お茶」ではなく
「お茶が残っている状態」かな？
イヤ！

みんなはどう思う？
それでOK！
グー！
OK
グー！

3

……！
だんだんわかるようになってきました！
好子
注目
要求
感覚
嫌子
逃避

4

話し合いのコツ

・飲み物が大好きで飲むのなら「要求」、味やのどごしを楽しんでいるなら「感覚」とも分析できます。「逃避」も含めて本人の感じ方はどうなのか、みんなで検討してみましょう
・ポットやペットボトルの中身を空にしたいこだわりの背景（自閉症の特性である同一性保持など）を、想像してみましょう

じゃあ、これからどうする？ ～行動支援計画を立てよう～

お茶を飲み干してしまうと
どんな問題が起こる?
まず健康に
よくないですよね?

みんなで飲むポットのお茶を
全部飲んじゃうのも
迷惑ですかね

大きくはその2つが
問題といえるのかな
すごく困る！ という
ほどでもなくて、これといった
対策をしていないんです

生死にかかわるほどではなさそう
飲み干しても
お茶は足せるしってこと?

そうなんです
……でも、少しずつエスカレート
してるように見えますね

外出中、知らない人の分まで
飲み干したら、問題が大きくなりそう
そうね。だからこそ、今のうちに
対策を考えたほうがいいね

中が見えると
すごく飲み干したくなるので
中の見えない容器に替えたいです
?

施設での食事の時は、シェアポットの数を
増やし、全てお茶を少なめに入れれば
大量に飲み干されることはないですよね?

予備のポットも厨房に置いておき
足りなくなったらその都度
出してもらえばいいですね

ポットを買い足さなきゃだけど
長期的に見ると必要な経費だね
さっそく手配するよ

よろしくお願いします！

導かれた 行動支援計画

・中身が見えないポットでお茶を提供する

・あらかじめ、ポットの中身を少なめにして、大量に飲み干すことを予防する

行動支援計画を導く話し合いのコツ

同一性保持のこだわりを理解する

元の状態に戻したい、自分なりのゴールや完成形にしたい、という同一性保持のこだわりはよくみられるものです。これらはその人の特性なので、制止しても納得はしてくれないでしょう。こだわりによる行動を抑えるより、こだわりが発生しないような環境の工夫を発想することがコツです。環境整備がうまくいけば、スタッフが何かと制止する必要がなくなり、両者とも心理的な負担が減ります。

見えなくする支援を心がける

視覚が優位な人は、細かい違いに気づきやすいものです。見えてしまうと、過剰な刺激となり、衝動を抑えられなくなるので、中身が見えない容器や袋に入れたり、布で隠すなど、初めから見えなくしてコントロールする支援（物理的構造化による過剰な刺激の制限☞p28）が有効です。見えなければ何事もなく過ごせることも少なくありません。自然に見えなくできるようなアイデアを、ミーティングで出し合ってみましょう。

物理的な工夫で大量に飲むことを予防する

飲み干したい人が、中にたくさん飲み物が入っているペットボトルを持ったら、止めるのは難しいでしょう。こうしたものも、大量に飲めないように初めから中身を少なくしておけば、中途半端に残ることも減ります。「中が空」という状況が増えると、飲み干そうとする習慣も減る可能性があります。そもそもなぜそうしたがるのか、前提から発想を変えて話し合うことがコツです。

Case36

突然ものを投げたり壊したりしてしまう

好きな玩具やお気に入りのカバンなど大事にしているものでも、興味・関心が移り変わったり、少しのキズが気になって、急に捨てたり破壊したりしてしまうことがあります。
これらの行為に対する予防策を考えておきましょう。

A 先行事象 B 行動 C 結果をとらえるポイント

・ものを投げたり壊したりするのは、偶然ではなく意図的にしていることですか?

・本人から見て、許容できない傷や汚れがありましたか?

・投げたり壊したりすれば、次の新しいものを手に入れられる、という意図はありますか?

話し合いのコツ

・投げたり破壊したりすることで新しいものが手に入る経験を重ねてきたのか、振り返ってみましょう

・どんな状況になったらものを投げたり破壊したりするのか、きっかけやタイミングを話し合ってみましょう

A 先行事象
・玩具などに傷や汚れが目立つ
・興味・関心が移り変わる

B 行動
・ものを投
してしまう

機能分析（要求・逃避・注目・感覚）

要求 新しいものがほしい

逃避 傷や汚れがあるものを遠ざけたい

行動

・1つのものにこだわりすぎないよう、お気に入りのものは数種類用意する

行動支援計画を導く話し合いのコツ

「破壊が得」という誤学習を防ぐ

「破壊→新しいものを入手」という流れは、典型的な「誤学習」です。投げてものが壊れ、本人が困っていると、周囲はすぐ新しいものを提供したくなるかもしれませんが、誤学習を支持してしまいます。スタッフ間、できれば家族とも認識を統一しましょう。

フェイスシートより

Aさん・男性・25歳
・興味・関心が狭く深いため、いつも同じものや玩具を使っている
・視覚が強く、小さな違いも見分けることができる
・自宼ではほしいものをすぐに買ってもらっている

り壊したり

C 結果
・ものが壊れて使えなくなる
・新たなものが手に入る

好子・嫌子

好子（要求）：新しいもの	全く同じもので新しいものがほしい
嫌子（逃避）：傷や汚れのあるもの	好きなものが傷ついたり汚れたりするのが嫌

計画
・ものを壊してもすぐに新しいものを渡さず、誕生日など、渡すタイミングを決めておく

本人が誤学習しないルールを考える

新しいものを渡すタイミングについて、スタッフからルールを提示してみましょう。例えば、「誕生日に新しいものをもらえる」などなら、コストの点でも、誤学習を推進しない点でも、問題は少ないでしょう。

機能分析 好子・嫌子をとらえるポイント

・投げたり壊したりする行動について、機能は1つだけでしょうか?
・壊せば新しいものが手に入るという一連の流れが、本人にとって都合のよい手段として定着している可能性はありますか?

話し合いのコツ

・投げたり壊したりしてしまった時、すぐに新しいものが本人に渡されているか、確認してみましょう
・高価なものの場合でも、壊したら新しいものをすぐに渡してよいのか、話し合ってみましょう

Case37

ものを投げる・落とす感覚が楽しくてものを壊してしまう

ものを扱う時、その目的に応じた使い方ではなく、
遊びとして自分なりの扱い方で楽しみを見出すことがあります。
投げたり、落としたりすることが多く、ものが壊れて周囲が困ることがあります。

A 先行事象 B 行動 C 結果をとらえるポイント

- その行動が発生するタイミングは、ある程度決まっていますか?
- 本人が投げたり落としたりするものは、そうすることで音が鳴ったり放物線を描いたりしていますか?
- 投げたり落としたりするものにはどんな特徴がありますか?

話し合いのコツ

- どんな時にものを投げたり落としたりするか、情報を共有してみましょう
- 手の中に入らないような大きなものや重いものでも同じ行動をするのか、話し合ってみましょう
- 投げたり落としたりするだけで、それ以上のことはしないのか、確認してみましょう

A 先行事象
- やることのない時間帯
- 投げられそうな大きさのものがある

B 行動
- 投げたり

機能分析（要求・逃避・注目・感覚）

感覚　音を聞く・放物線を見る、などの感覚刺激を味わっている

行動

- 投げたり落としたりすると壊れてしまうものは手の届く場所に置かない

行動支援計画を導く話し合いのコツ

感覚刺激は自動強化される

自閉症の特性により、ものが落ちる瞬間にしか発生しない音や、割れて飛び散る様子など、本人しかわからない感覚刺激による遊びを生み出すことがあります。そうした刺激は支援者がコントロールできないため、自動的に強化され続けてしまいます。こうした感覚への支援は、先行子操作（☞p29）の一つ「環境調整」が基本となります。

フェイスシートより

Aさん・男性・15歳
- 知的障害が重度で、くるくる回るなど、感覚刺激に頼った遊びをすることが多い
- 単調な繰り返しでも、飽きずに集中して続けることができる
- 良いこと・悪いことの区別はよくわからない

したりする

C 結果
- 落ちた時の音が楽しい
- 落ちる様子が楽しい

好子・嫌子

好子：音、放物線	もの自体ではなく、それによる「音」「放物線」を楽しんでいる

計画
- 光や音の出るボールを用意して、スタッフと遊ぶようはたらきかける

感覚刺激を楽しめる特性を活かした余暇に

市販の玩具にも、投げると、音が出たり、光ったりと感覚を楽しめるものがあります。それらの中から本人の優位な感覚に応じた玩具を選べば、不適応な遊びも適応した遊びに換えることができます。感覚刺激を活かした遊び方を提案し、余暇に取り入れていきましょう。

機能分析 好子・嫌子をとらえるポイント

- ものが落ちる様子を、本人は最後まで見ていますか?
- 日常的に、聴覚や視覚の過敏さがありますか?
- 同じような大きさ、重さ、材質のものなら、何でも投げたり落としたりしようとしますか?

話し合いのコツ

- 投げたり落としたりしてものを「壊すこと」を目的としているのか、話し合ってみましょう
- こうした場面以外にも、自己刺激に頼った遊び方をしている様子がみられるか、観察してみましょう

Case38

股間などの身体の一部を他の人がいても触ってしまう

思春期になると誰にでも性の芽生えがあります。しかし、知的な障害がある人の場合、いわゆる思春期を過ぎ身体はすでに大人になっていても精神面が追いつかず、そのギャップから不適応行動になってしまうことがあります。

A 先行事象 B 行動 C 結果をとらえるポイント

- 服の上から触っていますか？　それとも直接触っていますか？
- 周囲に性的な対象があるなど、環境の影響はありますか？
- 股間を触った後、本人はどのような気分でしょうか？

話し合いのコツ

- 触り始めたのはいつ頃からか、振り返ってみましょう
- 触ること自体が「悪い」のか、人がいないときなら「良い」のか、考えてみましょう
- 身体が変化したことで、股間以外にも気にしているところがあるか、話し合ってみましょう

A 先行事象
- 不安になった
- 触ろうと思えばいつでも手が届く

B 行動
- 自分の股

機能分析（要求・逃避・注目・感覚）

感覚　自分の股間を触って安心を得ている

行動

1

人前でも外でも、触り出すんです
さすがに知らない人が見ていると止めたほうがいいですよね……

2

女性を見たことによる性的な興奮なの？
それは違う感じがしますね

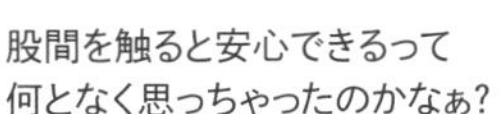
股間を触ると安心できるって何となく思っちゃったのかなぁ？

3

うん。身体は思春期を過ぎていても心が追いついていないのかもねぇ

4

フェイスシートより

Aさん・男性・30歳
- 日常的に聴覚や嗅覚に頼った遊びや過ごし方をしている
- 感覚の過敏さのため、刺激を受けやすく、不安定になりがち
- 他者に話しかけられたり近づいてこられたりしても嫌ではない

触る

C 結果
- 安心できる
- 性的な心地よさを感じる

好子・嫌子

好子：安心感	触ることで性的な心地よさが生み出す安心感を得たい

十画

1

股間をおもちゃのように遊んでいる?
それとは違う感じがします

2

心地よさを得るための手段のようですね
不安になりやすい人なので手軽に安心感が得られるのかも

3

感覚的な心地よさから本人も今までにない安心感を覚えたのかもね

4

安心感は不安定なAさんの大きな好子になるねだから定着したのね
!

機能分析 好子・嫌子を とらえるポイント

- 自分の股間を「遊ぶもの」ととらえていますか？　それとも安心を得るための手段としてとらえていますか?
- 本人は、股間を触ることが「社会的に不適切かもしれない」と理解していますか?

話し合いのコツ

- 制止に入るスタッフの反応を楽しんでいる様子があるか、振り返ってみましょう
- なぜ触ると安心なのか、考えてみましょう
- 自分の股間を触れない状態にできるかどうか、考えてみましょう

じゃあ、これからどうする？ ～行動支援計画を立てよう～

しかし、いつも
外や人前で触っているのでは
外出しにくいね

触り始めたら物陰に
誘導するしかなくて……
すでに影響が出ています

自然で人間らしいこととはいえ
ある程度の制限は必要ですよね？
Aさんが地域で変な誤解を
されるのも避けたいですよ

性的な行動は自然なことよ
全て制限するのではなく
時と場合を選んでもらおう
T・P・O

制限しなくていい時と場所……
例えばどこだと思う？
やっぱり、自分の部屋とか
トイレとか？
Aさん
トイレ

……要するに
1人になれる場所ですよね？
うんうん。その発想いいねぇ！
なら、家以外の場所なら？

うーん、施設なら
個室やトイレかな？
そこなら許せるね
じゃあ外は？

外は……どこもダメですねー
外では……誤解されちゃうから
控えてほしいです

なら、その方針で行こう
施設の個室やトイレはOK、外はNG
触り出したら個室や
トイレに誘導しようか
TOILET

股間を触るのとは別の
不安解消方法がないかな

そもそもの「不安」への
支援も重要だね
そうだね。日常的に不安が強いのが
根本的な問題なのかも

そうですね……もう一度
本人の活動を見直してみましょうか？
ぬいぐるみとか、安心できる
もののリストもあるといいね

導かれた 行動支援計画

・施設では、個室やトイレでなら股間を触ってもよいというルールをつくる

・本人が安心できる活動を今より増やす

行動支援計画を導く話し合いのコツ

性的な行動は話し合いの上で限定的な制限を

性的な行動は本来自然なことで、完全に制限することではないというのが最近の支援の考え方です。しかし、世間一般の感覚は必ずしもそれと一致しませんし、時と場合に関係なく自由に性的な行動をすれば、どんな人でも社会生活に影響がでます。ミーティングでは、そうした行動をどこまで認め、どこまでなら社会的に問題がないのか、本人の様子をヒントにして話し合ってみましょう。その上で、限定的な制限の範囲内で発生するものであれば、適応行動といえるでしょう。

不安が強いと感覚刺激を強く求める

自閉症特有の感覚刺激を求める行動は、不安が強いと起こりやすくなります。何かにこだわることや何かの感覚刺激を受けることで心の安定を図れるようです。そのため、制限をかけすぎるのは、むしろ不安感を強めてしまいます。ミーティングでは、より適応しやすく、安心できる別の感覚刺激の行動に置き換えられないかという発想で話し合ってみましょう。

知的に障害のある人には理屈よりもパターンで伝える

知的な障害がある人の場合、人前で性的な行動をすることの是非や、股間を触ることがどうしてよくないかなどの理屈を理解してもらうよりも、「ここで触ると止められる」「ここでなら止められない」という限定的な制限を体験やパターンとして覚えてもらいましょう。心よりも、形から入るのです。そうすれば、時と場合を理解した行動に自然と向いていくようになります。

Case39

床に落ちているゴミを口の中に入れてしまう

地面や床に落ちている小さなゴミのような、食べられないものを口の中に入れてしまうという異食行動は、衛生面からも減らしたいものです。その対策について、どう考えて支援したらよいでしょうか?

A 先行事象 B 行動 C 結果をとらえるポイント

- ゴミは、見てすぐにわかるほど目立っていますか?
- 元は何もないきれいな場所でしたか?
- ゴミを口に入れてしまう床や地面は、ゴミが目立つような色ですか?

話し合いのコツ

- 必ずゴミを拾ってしまう決まった場所はあるのか、話し合ってみましょう
- ゴミを食べて健康被害を受けたことはないか、振り返りましょう
- 口に入らない大きなゴミの場合はどうしているのか、確認してみましょう

A 先行事象
- 元の床には何も落ちていない
- 小さなゴミなどが落ちている

B 行動
- ゴミを拾

機能分析（要求・逃避・注目・感覚）

逃避　何もなかったはずの床にあるゴミを排除しようとしている

行動

1
ゴミを口に入れるなんて
ビックリですよ
昔からしていたらしく、不思議と
お腹を壊したことはないそうです

2
床に何もない状態にしたいのかな?
たぶんそうだと思うんです

じゃあ
大きなゴミはどうしているの?
3

窓の外に放ったり、ロッカーの裏や
見えない所に押し込んだりしてます
4

フェイスシートより

Rさん・男性・46歳
・気になるとこだわりが止まらないタイプ
・ものが出しっぱなしだったり、いつもはそこにないものが置いてあったりすると、すぐに片づけてしまう
・小さな変化やものを見つけるのが早い

に入れる

C 結果
・床のゴミがなくなる
・元通りの床になる

好子・嫌子

嫌子：床のゴミ	口に入れて消し去ろうとするほど強い嫌子

計画

機能分析 好子・嫌子をとらえるポイント

・空腹を満たすためにゴミを食べたいという気持ちはありそうでしょうか?

・ゴミ箱の中など、床に落ちていないゴミまで口に入れようとしたことはありますか?

・ゴミを捨てたいために口に入れているのでしょうか?

1

お腹が減っているわけじゃないんだよね?
それはないです。おいしそうに食べているようには見えません

2

ゴミを消したい気持ちからですね
うーん……「逃避」で間違いなさそうだね

3

嫌子は「ゴミ」ってことですかね?
でも、「ゴミ箱のゴミ」は気にならないみたいですよ?

4

正確には「床に落ちていて目立つゴミ」ってことになるね

話し合いのコツ

・「ゴミをなくしたい」という気持ちは、「おいしくないものを食べる」よりも強いのか、話し合ってみましょう
・同じ状態を保ちたいという「同一性の保持」の傾向は、他の場面でもみられるかどうか、振り返ってみましょう
・口に入れること以外に、本人の目の前からゴミを消し去る方法がないか、話し合ってみましょう

じゃあ、これからどうする？ ～行動支援計画を立てよう～

ゴミを口に入れるなんて……
健康被害がなくても止めたいです

ゴミ箱に入れたり
掃除したりしてもらう
代替行動は難しいですか？

口に入れる方が簡単だし
長期間固着したこだわりだから
代替行動は
簡単に受け付けないだろうね

床や道がきれいで素敵な分
ゴミが目につい ちゃうんだね……
はがゆいね

でも施設の床は
きれいにしておきたいです
ゴミが目立たなければいいのよね……

本人の目の前を掃いたり拭いたり
したら「ここはきれい」って
イメージを与えられませんか？

それ有効かもね
「いつもゴミがある……」と
不安な気持ちに
安心を与えられる

明るくてゴミが目立つ部屋の
照明なども原因ですか？
あえて薄暗くするとか

それもあるかもね
視覚の過敏が
あるから、見えすぎて
反応しちゃう

場面や活動によっては
薄暗くできる時もあるね

サングラスで視覚刺激
イヤーマフで聴覚刺激を
和らげる人もいるよ
かけるのを嫌がらないなら
すぐできそうですね
ムフーン
ムフーン

ならまずは
ゴミがあってもなくても、Rさんの
目の前をほうきで掃いてみます！
Clean

あわせて、部屋を暗めにしたり
サングラスをかけてもらったりする
のも試してみます！
ムフーン

導かれた 行動支援計画

- 本人の目の前で、ほうきで床を掃き、ゴミがないことを印象づける
- 部屋を暗めにする、サングラスをかけてもらうなど、ゴミを見えづらくする

行動支援計画を導く話し合いのコツ

長期間続いたこだわりは代替行動の設定が難しい場合も

不適応行動に対しては、適切な代替行動を設定するのが支援の基本ですが、長期間継続しているこだわりはすでに固着しているので、容易に変更できないこともあります。この固着が取れず、生活に大きな影響を及ぼすレベルになると、いわゆる「強度行動障害」の状態になります。できるだけこだわりが固着する前に、氷山モデルやABC分析で行動支援計画を考えましょう。固着してしまった行動には、徹底した環境調整から入るとよいでしょう。

感覚刺激の過敏さを和らげる環境調整を

代替行動の設定が難しい場合、環境設定による予防的アプローチが第一選択となります。しかし、施設など集団の場で周囲の環境を変えるのは、他者への影響が大きい場合もあるので、例えばこのケースで挙げられているイヤーマフやサングラスなど、個別の（本人の）刺激を和らげる対策ならやりやすいでしょう。そうした視点で話し合い、場面に応じて使い分けていきましょう。

執着しているこだわりへの不安を和らげる

こだわりが続いている状態は、こだわらなくてよい状況でも習慣的に執着してしまい、本人にとっても不安が止められないつらい状態といえます。積み重なった不安を根気よく取り除き、「ここには不安要素がない」というイメージに転換できると、不安が解消されていく場合もあります。このケースでは、ほうきで掃いて「ここにゴミはない」と示し続けることで本人の印象が変わるかも、という支援計画になりました。こうした支援の場合、スタッフのチームアプローチが欠かせません。支援方法の詳細もミーティングで詰めておきましょう。

Case40

ボタンやスイッチを見ると押したくなってしまう

ボタンやスイッチは比較的どこにでもあり、触れる機会も多いでしょう。
「押す」というスキルだけで変化を起こせるので、つい押したくなってしまいますが、
非常ベルなど、普段は押してはいけないものもあります。

A 先行事象 B 行動 C 結果をとらえるポイント

・本人はボタンやスイッチを押して変化が起こると期待していますか?

・変化はボタンを押した直後に起こっていますか?

・ボタンやスイッチは本人が押しやすい位置にあり、弱い力でも押せますか?

話し合いのコツ

・ボタンやスイッチを押した時にどんな変化が起きているか振り返ってみましょう

・押して変化が起きたら、楽しそうにしているかどうか、情報共有してみましょう

・ボタンやスイッチを自由に押してしまうと、思わぬ迷惑がかかることが理解できそうか、話し合ってみましょう

A 先行事象
・視界に入る場所にボタンやスイッチがある
・スタッフが側にいない

B 行動
・ボタンや

機能分析（要求・逃避・注目・感覚）
要求　押すことによる何らかの変化を期待している

行動

1

外出中は玄関チャイムを見つけると押すので注意が必要なんです
散歩中に何度も押されました

2

チャイム音が好きなのかな?
押した時点で喜んでいるので音というわけじゃないようです

押すこと自体が目的になってるんだね
押せば何らかの変化が必ずありますもんね
パチ

3

毎回変化を楽しめてるわけかそれが長年続いているんだね

4

フェイスシートより

Hさん・男性・48歳
・とにかく機器の操作が大好き。レバーやハンドルも触りたいタイプ
・小さく細かいものの扱いも器用だが、複雑なものは苦手
・周囲の変化・音にも動揺せず、集中して楽しむことができる

ッチを押す

C 結果
・音が鳴る・光る・動く・形が変わるといった変化がある
・変化を感じて楽しい

好子・嫌子

好子：何らかの変化	自分が押して変化が起きれば何でもよい

計画

機能分析 好子・嫌子をとらえるポイント

・ボタンやスイッチを押して「楽しさ」を感じている様子ですか？

・押した後に期待する変化は、例えば「光る」「へこむ」など特定のものに限定されますか？

・日常的にボタンやスイッチを探していますか？

話し合いのコツ

・押しても何も起こらない時、本人はどんな様子か、情報共有してみましょう

・ボタンやスイッチを押したことで、本人は嫌な目にあったことがないか、振り返ってみましょう

・押して変化があるボタンやスイッチであれば、建物設備以外のものでも満足できそうか、話し合ってみましょう

1

ボタンを見つけることに関しては才能がありますね！
僕たちの目をかいくぐって自信満々に押しますからね！

2

でも、複雑なことは苦手だから普段難しい道具や機械は触らないよね？

3

はい。Hさんも自分のスキルでは操作できないとわかったら近づきもしません

4

「押す」という簡単な動作で変化を得られるから、楽しいんだろうね
Simple

じゃあ、これからどうする？ ～行動支援計画を立てよう～

知らない家の玄関チャイムは
やめてもらいたいです
私も何度も謝ったことが
ありますよ

今後Hさんとボタンの間に
ポジションをとって、徹底して
押すのを減らしてみようね

エレベーターや信号
非常ベルも全部押そうとします
……どれもポジションを
要再チェックですね

まずはそれが必要だけど
「消去」だけの対応だと
本人はつらいよね

外出先で「他のボタンを押す」
とかの代替行動は
難しいんじゃないですか？

施設の中なら押してもよいボタンを
設定できるんじゃない？
照明のスイッチですかね？
でも急に消されたら困るか……

じゃあ、今あるボタンに
固執せず、押してよいボタンを
用意するという発想は？

そうか！　ボタンを押したいだけ
押せる装置を用意する！
自立課題（☞p28）にすれば
何度でもできますね！
パチ
パチ
パチ

ボタンって売ってましたよね？
ホームセンターにある！
ホーム
センター

机の上で押すだけでは飽きるから
部屋の中で位置を
変えてつけてみてもいいね
パチ

変化を期待しているんだから
押すと音がしたり
光ったりするといいよね

おもちゃでも
そういうものがあるから
それを少し工夫してもいいですね

導かれた 行動支援計画

- 外出先では、スタッフが必ず本人とボタン・スイッチの間にポジションをとる
- ボタンやスイッチを押して楽しめる自立課題を作成して提供する

行動支援計画を導く話し合いのコツ

変化がすぐ出る→即時強化されやすい

ボタンやスイッチなど、押すと即座に変化が見えるものは、とても行動が強化されやすいものです。しかも、壊れていない限りほぼ確実に目に見える変化を得られるので、強化力が非常に高いのです。ボタンやスイッチは通常人が見つけやすい場所にあり、小さい力でも押しやすく特別なスキルを必要としないところからも、ボタンやスイッチを押すことが大好きになってしまう場合があります。

スタッフの位置取りも環境調整として機能させる

スタッフの目をかいくぐって素早く押すようなら、制止されることをわかっているはずです。スタッフが制止できる体制を常に整えておくことで、「外出先では止めるよ」というメッセージを伝える支援になり、行動を予防できる可能性があることを意味します。このメッセージが本人に伝われば、押していいところ、いけないところを区別できるようになる可能性があります。

「周囲が困る」行動→「本人が好き！」な活動に

周囲が困るこだわり行動ですが、「好き」「遊びたい」という気持ちがあるなら、それを活かす発想でミーティングしてみましょう。ボタン・スイッチを押す玩具もあるように、これは「遊び」として成立します。ホームセンターなどでボタン・スイッチなどを購入し、それを用いた自立課題を作るなどすれば、本人の押せる要求が叶えられ、遊びのレパートリーも増えます。

Case41

「バカ」「アホ」など不適切な発言をしてしまう

「バカ」「アホ」のような、挑発的・否定的な発言を聞くと、
スタッフは「止めなければ!」と慌てて注意するでしょう。
しかし、止まるどころかエスカレート……実は注意が逆効果になることもよくあります。

A 先行事象 B 行動 C 結果をとらえるポイント

・「バカ」「アホ」の意味を理解して発言していますか?

・スタッフから注意された時、どのような表情でしたか?

・スタッフと話すこと以外に、1人で過ごせる方法はありますか?

・スタッフとの会話量は本人にとって足りていますか?

話し合いのコツ

・不適切な発言はどんな時に生じやすいか、振り返ってみましょう

・「バカ」「アホ」以外に、本人が適切な会話のレパートリーをどのくらいもっているか、確認してみましょう

・スタッフの注意について本人はどう感じているか、振り返ってみましょう

A 先行事象	B 行動
・周囲にスタッフがいる ・スタッフが他の利用者と話している	・「バカ」と言う

機能分析(要求・逃避・注目・感覚)

注目 「注意」でもいいので、スタッフに振り向いてほしい

行動

・「バカ」「アホ」発言への無反応を徹底する
・「来てください」など適切な発言には必ず反応する

行動支援計画を導く話し合いのコツ

不適応行動への反応が支持になる

「バカ」「アホ」などの挑発的な言葉は、スタッフとして注意したくなります。しかし、知的な障害があっても、何を言いどう動けば人が注目してくれるかはよく知っていますから、「反応をもらいやすい言葉」と誤学習して、意味を理解せずに使っている場合があります。それに乗じて反応し、不適応行動を増加させないように気をつけましょう。

フェイスシートより

Aさん・女性・25歳
・言葉で発信できるが、そのレパートリーは少ない
・人とかかわることが大好き。同じ話を何度もすることがある
・他害や破壊でスタッフからの注目を得ようとしたことがある

アホ」など

C 結果
・スタッフが注意しに近づいてくる
・スタッフと話せて嬉しい

好子・嫌子
好子：スタッフの反応
内容は問わず、スタッフの反応を期待している

計画
・適切な発言が出にくい場合は、「来て……?」などプロンプトを出す

プロンプトで適応行動を出しやすく

知的な障害が重度の場合、不適応行動を消去し適応行動に置き換えようとしても、結果はすぐには出ません。「適切な発言が出ない時は、最初の言葉をヒントとして言う」など、スタッフ間でプロンプト（☞p29）の方法を決め、適切な行動を引き出すと、効率的に支援できます。

機能分析 好子・嫌子をとらえるポイント

・相手を罵倒したり、排除したりする意図はありそうですか?

・肯定的か否定的かにかかわらず、スタッフの反応自体を期待している様子はありますか?

・スタッフに注意された内容が、「怒られている」というようなネガティブなものであると理解できていますか?

話し合いのコツ

・そもそも、誰かと話すことが好きなのか、スタッフ以外とでもよいのか、確認してみましょう

・障害の程度から考えて、会話のレパートリーはどこまで増やすことができそうか、どんなものなら増やせそうか、考えてみましょう

Case42

状況を判断できず知らない人に話しかけてしまう

人とかかわることを好むタイプの利用者は、外出活動の途中で、見ず知らずの人にも積極的に話しかけることがあります。よいことでもありますが、相手の状況を省みずに一方的に話しかけてしまう場合には調整が必要です。

A 先行事象 B 行動 C 結果をとらえるポイント

・返答があった時は嬉しそうにしていますか?

・相手がどんな状況でも話しかけようとしますか?

・返答の内容まで気にしているようですか?

・話しかけて、相手から怒られたことはありませんか?

話し合いのコツ

・話しかける内容はどんな内容か、振り返ってみましょう

・本人は日常的に人とのかかわりが多いか少ないか、振り返ってみましょう

・本人に「人とかかわりたい」気持ちがあるか、それは日常的に満たされているか、話し合ってみましょう

A 先行事象	B 行動
・散歩中、買い物などで見ず知らずの人に会う	・知らない

機能分析（要求・逃避・注目・感覚）

注目　人とかかわることが好きで、誰からも注目されたい

行動

・知らない人にはまず「こんにちは」などのあいさつでかかわるよう伝える

行動支援計画を導く話し合いのコツ

毎回反応がなくても行動は維持される

見ず知らずの人に話しかけると、無視される場合もありますが、たまに反応されることもあるでしょう。不定期な経験から、反応を期待して、話しかける行動は維持されたままになります。これを「間欠強化」といい、行動が長期間維持される原因の一つになります。

フェイスシートより

Aさん・男性・50歳
・普段、本人とかかわっている人は家族と施設スタッフ程度
・自分の好きな食べ物や歌の話をすることが毎日の楽しみ
・どんな状況でも自分のペースで、大きな声で会話をしようとする

声をかける

C 結果
・返答がある
・話ができて嬉しい

好子・嫌子
好子：他者とのかかわり
他者から返答があり喜んでいる

計画
・スタッフが本人と会話をして、知らない人に多く話しかける機会を減らす

より快適なかかわり方を調整する

見ず知らずの人に話しかける時は、あいさつが最も無難でしょう。「まずあいさつしよう」と伝えることで、他者とより快適にかかわれ不適応行動を適応行動に変えることができます。ただし、相手が話せない状況かどうかの判断は本人には難しいので、スタッフが先に本人に話しかけ、他の人に話す機会を調整するなど、支援方法を検討しましょう。

機能分析 好子・嫌子をとらえるポイント

・本人は日頃から、人とかかわることは大好きですか?
・ある程度までなら他の人と言葉でやりとりできますか?
・いつも一緒にいるスタッフと話すより、知らない人との会話のほうが楽しそうですか?

話し合いのコツ

・どんな話しかけ方をしているか、振り返ってみましょう
・話しかけた相手に無視されることがあるか、返事をしてくれそうな人を選んでいる様子はあるか、確認してみましょう
・普段、スタッフと本人とのかかわりは十分か、振り返ってみましょう

氷山モデルシート

できることを活かしてより素敵に暮らすには／支援によりできたことをさらに高めるには／
課題となっている行動

本人の特性（好き・嫌い・得意・強み）

環境・状況（人・物・場所・時間・感覚環境）

行動支援計画

ABC分析シート

A 先行事象	B 行動	C 結果

機能分析（要求・逃避・注目・感覚）	好子・嫌子

行動支援計画

索引

技法別索引

利用者さんの特性別索引

おわりに

私は長年にわたり、支援現場の最前線でさまざまな利用者さんと向き合ってきました。施設長という肩書きの今も、ほとんどの時間を支援現場で過ごしています。自らがリーダーとして見本を示し、指導していくには私自身が高いスキルを身につけ、誰よりも利用者さんのことをよく知る必要があります。指導する人こそ、支援現場の最前線で汗をかくべきだと考えています。

そのモットーのおかげで、多数の困難事例に直面し、対応してきました。その結果、本書のような、事例から伝える実践手法の書籍を出版できました。

私は多くの研究者の皆さんから指導を受けて、今があります。しかし、私自身は研究者でも専門家でもなく、現場一筋の支援実践者です。このような書籍を出版するのはおこがましいように感じることもあります。

しかし、研究者だけでは日本中で困っている利用者さんや施設を救うことはできない、研究者・専門家から教えていただいた知識・技術を受け継いだ一支援実践者が、もっと活躍できる世界にしたいと思いました。

そんな自分が書籍を世に出すことで、教えていただいた知識・技術を、実践を通して少しは社会に還元できたのではないかと思っています。

2022年3月
著者　林 大輔

［制作］
企画・編集・制作 ──────── 編集工房まる株式会社　西村舞由子　http://editmaru.com/
装丁・誌面デザイン・DTP ── キガミッツ（森田恭行・髙木瑶子）　http://www.kiga3.jp/
カバーイラスト・本文マンガ ── 山口オサム　https://indigo-giga.jimdofree.com/
校正 ──────────── 北村信一郎

［著者］
林 大輔

社会福祉法人大府福祉会　たくと大府施設長
社会福祉士・公認心理師

同朋大学社会福祉学部卒業後、社会福祉法人大府福祉会に入職。
2016 年より同法人たくと大府副施設長、2017 年より現職。
TEACCH プログラム研究会愛知支部代表。
著書に、『TEACCH プログラムに基づく自閉症児・者のための自立課題アイデア集――身近な材料を活かす 95 例』（中央法規出版、2019年）、『知的障害・自閉症のある人への行動障害支援に役立つアイデア集 65 例』（中央法規出版、2020 年）がある。

自閉症・知的障害者支援に役立つ
氷山モデル・ABC分析シートの書き方・活かし方

2022年4月1日　初版発行
2023年4月30日　初版第2刷発行

著者 ──── 林 大輔
発行者 ──── 荘村明彦
発行所 ──── 中央法規出版株式会社
〒110-0016　東京都台東区台東3-29-1　中央法規ビル
Tel 03（6387）3196
https://www.chuohoki.co.jp/
印刷・製本 ── 株式会社ルナテック

定価はカバーに表示してあります。
ISBN978-4-8058-8456-0

［本書へのご質問について］
本書の内容に関するご質問については、下記URLから
「お問い合わせフォーム」にご入力いただきますようお願いいたします。
https://www.chuohoki.co.jp/contact/